LEONORA CARRINGTON

# Die Windsbraut

## Bizarre Geschichten

Herausgegeben, aus dem Französischen, Englischen und Spanischen übersetzt und mit einem Nachwort versehen von Heribert Becker

Edition Nautilus

Die Arbeit des
Übersetzers
am vorliegenden Text
wurde vom Deutschen
Übersetzerfonds
gefördert.

Edition Nautilus GmbH
Schützenstraße 49 a
D-22761 Hamburg
www.edition-nautilus.de

Erstausgabe August 2009

Umschlaggestaltung:
Maja Bechert
www.majabechert.de
unter Verwendung von:
Leonora Carrington,
»Letter to Dana«, 1957
Druck und Bindung:
Friedrich Pustet, Regensburg
3., korrigierte und
aktualisierte Auflage
Januar 2024
ISBN 978-3-89401-602-9

# André Breton
# Leonora Carrington

Michelet, der der *Hexe* eine so schöne Gerechtigkeit hat widerfahren lassen, macht bei ihr auf die folgenden beiden Gaben aufmerksam, die allein schon deswegen unschätzbar sind, weil sie nur der Frau verliehen werden: »*der Illusionismus lichtvollen Wahnsinns*« und »*die göttliche Gabe einsamer Empfängnis*«. Er verteidigt sie auch gegen den Ruf, in den sie von christlicher Seite gebracht wurde: alt und hässlich zu sein. »Bei dem Wort Hexe denkt man unwillkürlich an die scheußlichen alten Weiber in *Macbeth*. Doch die grausamen Prozesse, die ihnen gemacht wurden, lehren das Gegenteil. Viele mussten gerade deswegen sterben, weil sie jung und schön waren.«

Auf wen heute könnte diese Beschreibung besser passen als auf Leonora Carrington? Die ehrbaren Leute, die sie vor einem Dutzend von Jahren zum Dinner in ein vornehmes Restaurant eingeladen hatten, haben sich noch nicht von dem Schock erholt, den sie bekamen, als sie gewahr wurden, dass sie sich mitten in der angeregtesten Unterhaltung die Schuhe ausgezogen hatte, um sich völlig gelassen die Füße mit Senf zu bestreichen. – Von all jenen, die sie in New York des Öfteren zu sich einlud, war ich wohl der einzige, der gewisse Gerichte zu würdigen wusste, auf die sie viele Stunden liebevoller Sorgfalt verwandt hatte, wobei sie

Leonora Carrington und Max Ernst
in Saint-Martin d'Ardèche, 1939; Foto Lee Miller

sich eines Kochbuchs aus dem 16. Jahrhundert bediente – auch wenn sie dem Mangel an bestimmten Ingredienzen, die nicht aufzutreiben waren oder von denen man seither nie mehr gehört hat, auf rein intuitive Weise abhelfen musste. (Ein Hase mit Austern, den sie mich nötigte, für all jene zu verspeisen, die es lieber beim Duft bewenden ließen, brachte mich, ich gestehe es, dahin, an diesen Liebesmählern nicht gar so oft teilzunehmen.)

Über diesen und noch ganz anderen Heldentaten, mit denen sie zweifellos »die Maske, die [sie] vor der Feindseligkeit des Konformismus bewahrt, nach Belieben aufsetzen und abnehmen« will, waltet ein milder, spöttischer Blick, dem die raue Stimme, die zu ihm nicht passen will, noch zugute kommt. Die Neugier, bei ihr aufs Äußerste getrieben, findet ihr Heil fast nur noch im *Verbotenen.* Nach der Rückkehr von einer jener Reisen, von denen zurückzukommen man wenig Aussicht hat und die sie in *En bas* (Unten) mit unglaublicher Genauigkeit beschrieb, hat sich Leonora Carrington die Sehnsucht nach den Ufern, an denen sie angekommen ist, bewahrt und die Hoffnung nicht aufgegeben, sie noch einmal zu erreichen, diesmal ohne auf Widerstand zu stoßen und gleichsam mit einer Rückfahrtkarte versehen.

Davon dürften zur Genüge die herrlichen Bilder zeugen, die sie seit 1940 gemalt hat. Es sind jene, die von dem neuen »Wunderbaren« wohl am meisten erfüllt sind, zudem ganz durchdrungen von okkultem Licht. Sie geben Auskunft sowohl über ihre physische Betrachtungsweise (»Während das linke Auge das Mikroskop befragt, muss das rechte Auge durchs Teleskop sehen«) als auch über ihre intellektuelle (»Die Vernunft *muss* die Vernunft des Herzens und jede andere Vernunft kennen«).

Plain Chant, 1947, Öl auf Leinwand, 90 x 68,5 cm,
Privatsammlung

## Die Debütantin

Zu der Zeit, als ich eine Debütantin war, ging ich häufig in den Zoo. Ich ging so oft dorthin, dass ich die Tiere besser kannte als gleichaltrige Mädchen. Zweck meiner täglichen Besuche im Zoo war es, den Menschen zu entfliehen. Das Tier, das ich am besten kannte, war eine junge Hyäne. Und sie kannte mich. Sie war überaus intelligent. Ich brachte ihr Französisch bei, und sie lehrte mich dafür ihre eigene Sprache. Auf diese Weise verbrachten wir viele angenehme Stunden miteinander.

Zum 1. Mai hatte meine Mutter mir zu Ehren einen Ball organisiert. Ich litt ganze Nächte lang: Bälle habe ich immer schon gehasst, vor allem solche, die man mir zu Ehren gab.

Am Morgen des 1. Mai 1934, ganz in der Frühe, stattete ich der Hyäne einen Besuch ab.

»So ein Mist«, sagte ich zu ihr. »Ich muss heute Abend zu meinem Ball.«

»Sie haben es gut«, sagte sie, »ich würde sehr gern hingehen. Ich kann zwar nicht tanzen, aber immerhin vermag ich Konversation zu machen.«

»Es wird eine Menge zu essen geben«, sagte ich. »Ich habe ganze Wagenladungen voller Speisen vor unserem Haus vorfahren sehen.«

»Und da beklagen Sie sich noch«, erwiderte die Hyäne missbilligend. »Ich esse nur einmal am Tag, und was für einen Fraß wirft man mir hin!«

Ich hatte plötzlich eine kühne Idee; fast musste ich lachen.

»Gehen Sie doch für mich hin.«

»Wir sind uns nicht ähnlich genug; sonst würde ich hingehen«, sagte die Hyäne bekümmert.

»Hören Sie«, sagte ich, »bei der Beleuchtung abends sieht man nicht viel. Wenn Sie ein bisschen verkleidet sind, wird kein Mensch in der Menge Sie bemerken. Außerdem sind wir fast gleich groß. Sie sind meine einzige Freundin, ich flehe Sie an.«

Sie dachte nach. Ich begriff, dass sie geneigt war einzuwilligen. »Einverstanden«, sagte sie plötzlich.

Zu dieser frühen Stunde waren noch nicht viele Wärter im Zoo. Rasch öffnete ich den Käfig, und im Handumdrehen waren wir draußen auf der Straße. Ich rief ein Taxi. Zu Hause lagen noch alle im Bett. In meinem Zimmer holte ich das Kleid hervor, das ich am Abend tragen sollte. Es war ein bisschen lang, und die Hyäne hatte einige Mühe, sich in meinen hochhackigen Schuhen fortzubewegen. Ich fand ein Paar Handschuhe, die ihre Hände verdeckten, denn die waren viel zu behaart, um wie meine eigenen auszusehen. Als die Sonne in mein Zimmer schien, ging sie einige Male mehr oder weniger aufrecht im Raum umher. Wir waren so beschäftigt, dass meine Mutter, die mir Guten Morgen sagen wollte, um ein Haar die Tür aufgemacht hätte, bevor die Hyäne sich unter meinem Bett verstecken konnte. »In deinem Zimmer riecht es schlecht«, sagte meine Mutter und stieß das Fenster auf.

»Vor heute Abend wirst du ein Bad mit meinem neuen Badesalz nehmen.«

»Ist gut«, sagte ich.

Sie blieb nicht lange. Ich glaube, der Geruch war ihr zu stark.

»Komm nicht zu spät zum Frühstück«, sagte sie beim Hinausgehen.

Die Hauptschwierigkeit bestand darin, eine Verkleidung für das Gesicht der Hyäne zu finden. Wir suchten stundenlang: Sie lehnte alle meine Vorschläge ab. Schließlich sagte sie:

»Ich glaube, ich habe jetzt die Lösung. Haben Sie ein Dienstmädchen?«

»Ja«, sagte ich verdutzt.

»Also, passen Sie auf. Sie läuten nach dem Dienstmädchen, und wenn es hereinkommt, stürzen wir uns auf sie und reißen ihr das Gesicht ab. Heute Abend trage ich dann ihr Gesicht anstelle meines eigenen.«

»Das geht doch nicht«, warf ich ein. »Sie wird wahrscheinlich sterben, wenn sie kein Gesicht mehr hat; jemand wird die Leiche finden, und wir landen im Gefängnis.«

»Ich bin hungrig genug, um sie aufzufressen«, erwiderte die Hyäne.

»Und die Knochen?«

»Die auch«, sagte sie. »Also abgemacht?«

»Nur wenn Sie versprechen, sie zu töten, bevor sie ihr das Gesicht herunterreißen. Sonst tut ihr das viel zu weh.«

»Na gut, das soll mir egal sein.«

Beklommen läutete ich nach Marie, dem Dienstmädchen. Ich hätte es bestimmt nicht getan, wenn ich nicht so einen Abscheu vor Bällen hätte. Als Marie ins Zimmer trat, drehte ich mich zur Wand, um nichts zu sehen. Ich muss zugeben, dass es sehr schnell ging. Ein kurzer Schrei, und es war vorbei. Während die Hyäne fraß, schaute ich zum Fenster hinaus. Ein paar Minuten später sagte sie:

»Ich kann nicht mehr. Die beiden Füße sind noch übrig, aber wenn Sie einen kleinen Beutel haben, fresse ich den Rest im Laufe des Tages.«

»Im Schrank hängt eine mit Lilien bestickte Tasche. Legen Sie die Taschentücher, die darin sind, beiseite und nehmen Sie sie.«

Sie tat, was ich ihr auftrug. Dann sagte sie: »Jetzt drehen Sie sich um und sehen Sie, wie schön ich bin!« Die Hyäne stand vor dem Spiegel und bewunderte sich mit den Gesichtszügen Maries. Sie hatte sorgsam rings um das Gesicht herum gefressen, so dass gerade so viel übrig blieb, wie sie brauchte. »Wahrhaftig«, sagte ich, »saubere Arbeit.«

Gegen Abend, als die Hyäne fertig angekleidet war, erklärte sie mir: »Ich fühle mich großartig. Ich habe das Gefühl, dass ich heute Abend viel Erfolg haben werde.«

Nachdem wir eine Weile der von unten heraufttönenden Musik gelauscht hatten, sagte ich zu ihr: »Gehen Sie jetzt und denken Sie daran, dass Sie sich nicht neben meine Mutter setzen: Sie würde bestimmt merken, dass nicht ich es bin. Sonst kenne ich niemanden. Viel Glück.« Ich küsste sie, als sie ging, aber sie verbreitete einen sehr scharfen Geruch.

Es war dunkel geworden. Von den Aufregungen des Tages ermüdet, nahm ich ein Buch zur Hand und setzte mich müßig neben das offene Fenster. Ich erinnere mich, ich las *Gullivers Reisen* von Jonathan Swift. Etwa eine Stunde später gewahrte ich das erste Anzeichen von Unheil. Kurze Schreie ausstoßend, flatterte eine Fledermaus durch das Fenster herein. Ich habe entsetzliche Angst vor Fledermäusen. Zähneklappernd versteckte ich mich hinter einem Stuhl. Kaum hatte ich mich niedergekauert, da wurden die Flügelschläge von einem heftigen Lärm an meiner Tür übertönt. Und schon stürzte meine Mutter herein, bleich vor Wut. »Wir hatten uns gerade zu Tisch gesetzt«, sagte sie, »als das Ding, das auf deinem Platz saß, aufsprang und rief: ›Ich rieche etwas streng, nicht wahr? Nun ja, ich esse ja auch keinen Kuchen.‹ Darauf riss es sich das Gesicht herunter und fraß es auf. Ein mächtiger Satz, und schon war es durch das Fenster verschwunden.«

*ca. 1937/1938*

## Das Haus der Angst

Eines Tages, gegen halb eins um die Mittagszeit, begegnete ich bei einem Spaziergang durch ein gewisses Stadtviertel einem Pferd, das mich anhielt. »Kommen Sie«, sagte es, »ich muss Ihnen etwas unter vier Augen zeigen.« Es wies mit dem Kopf auf eine enge, düstere Straße. »Ich habe keine Zeit«, erwiderte ich, und dennoch folgte ich ihm gegen meinen Willen. Wir gelangten zu einer Tür, an die pochte das Pferd mit seinem linken Huf. Die Tür öffnete sich. Wir traten ein. Ich werde zu spät zum Essen kommen, sagte ich mir. Vor mir standen ein paar Geschöpfe in Kirchengewändern. »Gehen Sie doch die Treppe hinauf«, sagten sie zu mir, »Sie werden unser hübsches Parkett sehen. Es ist ganz aus Türkis, und die einzelnen Dielen sind mit Gold zusammengefügt.« Verwundert über diese Gastfreundschaft nickte ich zustimmend und bedeutete dem Pferd, es möchte mir doch diesen Schatz zeigen. Die Treppe hatte riesige Stufen, doch wir stiegen mühelos hinauf, das Pferd und ich. »Wissen Sie, so schön ist es auch wieder nicht«, sagte es leise zu mir, »aber man muss ja irgendwie seinen Lebensunterhalt verdienen, nicht wahr?« Plötzlich sah man das Parkett, das den Boden eines großen, leeren Zimmers schmückte. Dieses Parkett war von leuchtend blauer Farbe, und seine einzelnen Dielen waren mit Gold zusammengefügt. Ich sah es mir höflich an, und das Pferd sagte mit nachdenklicher Miene: »Nun ja, sehen Sie, diese Beschäftigung ödet mich an, ich tue es nur des Geldes wegen. In Wirklichkeit aber gehöre ich nicht hierher. Ich werde Ihnen das da am nächsten Festtag zeigen!« Dieses Pferd ist tatsächlich kein gewöhnliches Pferd, sagte ich mir, das merkt man sofort. So entschloss ich mich, seine nähere Bekanntschaft zu machen:

»Ich werde auf Ihrem Fest sein«, versicherte ich. »Allmählich empfinde ich eine gewisse Sympathie für Sie.«

»Sie selber sind auch besser als die üblichen Gäste«,

erwiderte das Pferd. »Ich bin sehr wohl imstande, gewöhnliche Leute von solchen zu unterscheiden, die ein gewisses Begriffsvermögen haben. Ich besitze die Gabe, eine Persönlichkeit auf Anhieb zu durchschauen.«

Ich lächelte beunruhigt.

»Und das Fest?«

»Das ist heute Abend. Ziehen Sie sich warm an.«

Das war eine sonderbare Aufforderung, denn draußen war herrlichster Sonnenschein.

Als wir die im rückwärtigen Teil des Raums gelegene Treppe hinabstiegen, stellte ich erstaunt fest, dass das Pferd viel besser damit zurechtkam als ich. Die Kirchenleute waren weg, und ich verließ das Haus, ohne gesehen zu werden. »Um neun Uhr«, sagte das Pferd. »Ich hole Sie ab. Sagen Sie dem Pförtner Bescheid.«

Auf dem Heimweg fiel mir ein, dass ich das Pferd eigentlich zum Abendessen hätte einladen müssen. Auch egal, sagte ich mir. Ich kaufte einen Kopfsalat und Kartoffeln. Zu Hause angekommen, machte ich ein wenig Feuer, um mein Abendessen zuzubereiten. Ich trank Tee, dachte an die Ereignisse des Tages und vor allem an das Pferd, das ich trotz unserer noch kurzen Bekanntschaft bereits als einen Freund ansah. Ich hatte nur wenige Freunde und war glücklich, mit einem Pferd befreundet zu sein. Nach dem Essen rauchte ich eine Zigarette und dachte daran, wie herrlich es wäre auszugehen, statt mit mir selber zu plaudern und mich mit den ewig gleichen Geschichten, die ich mir fortwährend vorerzählte, zu Tode zu langweilen. Ich bin trotz meiner enormen Intelligenz und meines tadellosen Aussehens eine sehr langweilige Person, und keiner weiß das besser als ich selber. Oft habe ich mir eingeredet, ich würde vielleicht, böte man mir nur die Gelegenheit dazu, der Mittelpunkt der intellektuellen Gesellschaft werden, aber durch das viele Plaudern mit mir selber neige ich dazu, immer wieder dieselben Dinge zu sagen. Nun ja, ich bin halt eine Einzelgängerin. Während ich so vor mich hin grübelte, klopfte mein Freund, das Pferd, mit solcher Wucht an meine Tür, dass ich fürchtete, die Nachbarn würden sich beschweren. »Ich komme«, rief ich.

In der Dunkelheit konnte ich kaum die Richtung erkennen, die wir einschlugen. Ich rannte neben dem Pferd her und hielt mich an seiner Mähne fest. Wenig später bemerkte ich vor, hinter und neben uns andere Pferde, deren Zahl in der weiträumigen Landschaft immer größer wurde. Sie blickten starr geradeaus, und jedes von ihnen hatte etwas Grünzeug im Maul. Sie waren in großer Eile, und der Boden erdröhnte unter dem Lärm ihrer Hufe. Es wurde beißend kalt.

»Dieses Fest findet jedes Jahr statt«, sagte das Pferd.

»Es sieht aber nicht so aus, als freuten sie sich darauf«, entgegnete ich.

»Wir besuchen das Schloss der Angst, sie ist die Hausherrin.«

Dieses Schloss lag nun vor uns, und das Pferd erklärte mir, es sei aus Steinen errichtet, in denen sich die Kälte des Winters speichere. »Innen ist es noch kälter«, sagte es. Beim Betreten des Hofes stellte ich fest, dass es nicht gelogen hatte. Alle Pferde zitterten vor Kälte und klapperten mit den Zähnen wie mit Kastagnetten.

Ich hatte den Eindruck, dass sämtliche Pferde der Erde bei diesem Fest zugegen waren. Alle hatten verquollene, starr blickende Augen und gefrorenen Schaum vor dem Maul. Vor Entsetzen wagte ich nicht zu sprechen. Im Gänsemarsch gelangten wir in einen großen, mit Pilzen und anderen Nachtgewächsen ausgeschmückten Raum. Alle Pferde setzten sich auf ihr Hinterteil und streckten die Vorderbeine steif von sich. Sie blickten um sich, ohne den Kopf zu bewegen, und dabei war nur das Weiß ihrer Augäpfel zu sehen. Ich hatte furchtbare Angst. Vor uns saß auf einem riesengroßen, in romantischer Art schräg gestellten Bett die Hausherrin: die Angst. Sie hatte eine entfernte Ähnlichkeit mit einem Pferd, aber einem sehr hässlichen. Ihr Morgenrock bestand aus lebenden Fledermäusen, die an den Flügeln zusammengenäht waren. Nach ihrem Zappeln zu urteilen, gefiel ihnen das gar nicht.

»Liebe Freunde«, sagte die Herrin und brach in Tränen aus, »dreihundertfünfundsechzig Tage lang habe ich überlegt, wie ich euch heute Abend am besten unterhalten kann. Das Nachtmahl wird wie gewöhnlich sein: Jedem stehen drei Portionen zu. Aber außerdem habe ich ein neues Spiel für euch, das ich besonders originell finde, denn ich habe mir lange den Kopf darüber zerbrochen, wie ich es vervollkommnen könnte. Ich hoffe von ganzem Herzen, dass ihr alle beim Spielen dieses Spiels dieselbe Freude empfinden werdet, die ich selber beim Ersinnen seiner Regeln empfunden habe.«

Eine tiefe Stille folgte. Dann fuhr sie fort:

»Ich werde euch nun mit allen Einzelheiten bekannt

machen. Ich werde selber das Amt des Schiedsrichters übernehmen, und wer gewonnen hat, entscheide ich. Ihr müsst alle so schnell wie möglich von einhundertzehn bis fünf zählen und dabei an euer eigenes Schicksal denken und Tränen für jene vergießen, die vor euch dahingegangen sind. Gleichzeitig müsst ihr mit dem linken Vorderhuf den Takt zu den *Wolgaschiffern*, mit dem rechten Vorderhuf zur *Marseillaise* und mit den beiden Hinterbeinen zu *Wo bist du, meine letzte Sommerrose?* klopfen. Ich habe mir noch ein paar andere Einzelheiten ausgedacht, aber die habe ich dann weggelassen, um das Spiel zu vereinfachen. Lasst uns jetzt anfangen, und vergesst eines nicht: Ich kann zwar vielleicht nicht den ganzen Saal im Auge behalten, aber der liebe Gott sieht alles.«

Ich weiß nicht, ob es die Kälte war, die eine solche Begeisterung entfachte, jedenfalls begannen die Pferde mit den Hufen auf den Boden zu trampeln, als wollten sie hinab in die Abgründe der Erde. Ich rührte mich nicht vom Fleck, denn ich hoffte, die Herrin würde mich nicht sehen, aber ich hatte das bedrückende Gefühl, dass sie mich mit ihrem großen Auge (sie hatte nur eins, aber das war zehnmal größer als ein gewöhnliches Auge) sehr wohl bemerkte. Ich verharrte so fünfundzwanzig Minuten lang, aber ...

*1937*

## Die ovale Dame

Eine große, sehr schlanke Dame stand an ihrem Fenster. Auch das Fenster war sehr hoch und schmal. Das Gesicht dieser Dame war blass und traurig. Sie bewegte sich nicht vom Fleck, und nichts rührte sich in dem Fenster außer der Fasanenfeder, die sie im Haar trug. Diese leicht zitternde Feder zog meinen Blick auf sich. Sie war so unruhig in diesem Fenster, wo sich sonst nichts rührte! Es war das siebente Mal, dass ich an dem besagten Fenster vorbeiging. Die traurige Dame stand immer noch unbewegt da, und trotz der Kälte, die an jenem Nachmittag herrschte, blieb ich stehen. Vielleicht waren die Möbel genauso lang und schmal wie sie und das Fenster. Vielleicht hatte sich die Katze, sofern es eine gab, ihren eleganten Proportionen angepasst. Ich wollte es wissen, ich war krank vor Neugierde; mich überkam eine unwiderstehliche Lust, in das Haus hineinzugehen, nur um mir Klarheit zu verschaffen. Ehe ich recht begriff, was ich tat, stand ich im Eingang. Die Tür ging leise hinter mir zu, und zum ersten Mal in meinem Leben befand ich mich in einer richtigen Aristokratenwohnung. Es war überwältigend. Schon die Stille, die dort herrschte, war so vornehm, dass ich kaum zu atmen wagte. Und dann die unübertreffliche Eleganz der Möbel und Nippsachen. Jeder Stuhl war mindestens doppelt so hoch wie gewöhnliche Stühle und viel schmaler. Bei diesen Aristokraten waren sogar die Teller oval und nicht rund wie bei gewöhnlichen Leuten. In dem Salon, in dem sich die traurige Dame aufhielt, knisterte ein Feuer im Kamin, und ein Tisch war mit Tassen und mit Kuchen gedeckt. In der Nähe des Feuers wartete eine Teekanne in Ruhe aufs Eingießen.

Von hinten gesehen wirkte die Dame noch größer. Sie maß mindestens drei Meter. Ich überlegte, wie ich sie am besten ansprechen könnte. Sollte ich sagen, dass draußen ein Hundewetter war? Zu banal. Sollte ich von Poesie reden? Aber von was für einer Poesie?

»Señora, lieben Sie die Poesie?«

»Nein, ich verabscheue die Poesie«, erwiderte sie, ohne sich nach mir umzuwenden, mit einer Stimme, die vor Missvergnügen fast versagte.

»Nehmen Sie eine Tasse Tee, das wird Sie beruhigen.«

»Ich trinke nicht, und ich esse nicht, damit protestiere ich gegen meinen Vater. Dieser Dreckskerl!«

Nach einem viertelstündigen Schweigen wandte sie sich um, und ich wunderte mich, wie jung sie war. Sie war ungefähr sechzehn Jahre alt.

»Sie sind sehr groß für Ihr Alter, Señorita; als ich sechzehn war, war ich nicht halb so groß wie Sie.«

»Das ist mir egal. Ich nehme doch einen Schluck Tee, aber sagen Sie es niemandem. Vielleicht esse ich auch ein Stück von dem Kuchen da, aber denken Sie ja daran, nichts zu verraten.«

Sie aß mit ganz außergewöhnlichem Appetit. Als sie beim zwanzigsten Stück Kuchen angekommen war, sagte sie:

»Selbst wenn ich vor Hunger krepiere, gewinnen

wird er nie. Ich sehe schon den Leichenzug vor mir mit vier großen, glänzenden Rappen … Sie bewegen sich langsam vorwärts, und mein kleiner weißer Sarg bildet inmitten der roten Rosen einen weißen Fleck. Die Leute weinen und weinen …«

Sie fing zu weinen an.

»Das ist der kleine Leichnam der schönen Lukrezia! Ach, wissen Sie, wenn man erst tot ist, lässt sich nicht mehr viel machen. Ich möchte verhungern, bloß um ihm eins auszuwischen. Dieses Schwein!«

Nach diesen Worten ging sie langsam aus dem Zimmer. Ich folgte ihr.

Im dritten Stockwerk angekommen, traten wir in ein riesiges Kinderzimmer, in dem zu Hunderten ramponierte, zerbrochene Spielsachen herumlagen. Lukrezia ging zu einem Holzpferd, das trotz seines Alters – bestimmt an die hundert Jahre – starr vor sich hin galoppierte.

»Tartar ist mein Liebling«, sagte sie und streichelte das Maul des Pferdes. »Er hasst nämlich meinen Vater.«

Tartar wiegte sich anmutig auf seinen hölzernen Kufen, und ich fragte mich, wieso er sich ganz von selbst bewegen konnte. Lukrezia legte die Hände zusammen und sah ihn nachdenklich an.

»Er kommt sehr weit so«, fuhr sie fort, »und wenn er zurückkehrt, wird er mir etwas Interessantes erzählen.«

Als ich hinausblickte, sah ich, dass es schneite. Es war sehr kalt, aber Lukrezia bemerkte es nicht. Ein leises Geräusch am Fenster ließ sie aufhorchen:

»Das ist Mathilde«, sagte sie, »ich hätte das Fenster offen lassen sollen. Übrigens, hier erstickt man ja.« Daraufhin zerschlug sie die Fensterscheiben, und mit dem Schnee flog eine Elster herein, die dreimal rings im Zimmer umherflatterte.

»Mathilde spricht wie wir; vor zehn Jahren habe ich ihr die Zunge gespalten. Was für eine herrliche Kreatur!«

»Herrliche Kreatur«, krächzte Mathilde mit einer Hexenstimme. »Herrrliche Krrreaturrr!«

Mathilde setzte sich auf den Kopf Tartars, der immer noch leise vor sich hin galoppierte. Er war voller Schnee.

»Sind Sie gekommen, um mit uns zu spielen?«, erkundigte sich Lukrezia. »Das freut mich, denn ich langweile mich furchtbar hier. Stellen wir uns vor, wir wären alle Pferde. Ich werde mich in ein Pferd aus Schnee verwandeln. Das ist glaubwürdiger. Auch du, Mathilde, bist ein Pferd.«

»Pferd, Pferrd, Pferrrd«, krächzte Mathilde und führte auf Tartars Kopf einen hysterischen Tanz auf.

Lukrezia stürzte sich in den bereits tiefen Schnee, wälzte sich darin herum und schrie: »Wir sind alle Pferde!«

Was ich sah, als sie wieder aufstand, war außerordentlich. Wenn ich nicht gewusst hätte, dass es Lukrezia war, hätte ich geschworen, ein richtiges Pferd vor mir zu haben. Sie war schön und blendend weiß mit ihren vier nadelfeinen Beinen und ihrer Mähne, die wie Wasser über ihr Gesicht fiel. Sie lachte vor Freude und tanzte wie verrückt im Schnee herum.

»Galoppiere, Tartar, galoppiere, aber ich werde schneller sein als du.«

Tartar änderte sein Tempo nicht, aber seine Augen funkelten. Man sah nur seine Augen, denn er war ganz mit Schnee bedeckt. Mathilde kreischte und schlug mit dem Kopf gegen die Wände. Ich selber tanzte eine Art Polka, um nicht zu erfrieren. Plötzlich sah ich, dass die Tür offen war und auf der Schwelle eine alte Frau stand. Vielleicht stand sie schon lange da, ohne dass ich sie bemerkt hatte. Sie starrte böse auf Lukrezia.

»Hört auf, hört auf!«, schrie sie und zitterte plötzlich vor Wut. »Was soll das Theater? Wie? Lukrezia, wissen Sie nicht, dass Ihr Vater dieses Spiel strengstens verboten hat? Dieses lächerliche Spiel! Sie sind doch kein Kind mehr.«

Tanzend schleuderte Lukrezia ihre vier Beine gefährlich nahe an die alte Frau heran; sie lachte kreischend.

»Hören Sie auf, Lukrezia!«

Lukrezias Stimme wurde immer schriller; sie schüttelte sich vor Lachen.

»Nun gut«, sagte die Alte, »Sie hören nicht auf mich, Fräulein. Gut. Das werden Sie bereuen. Ich werde Sie zu Ihrem Vater bringen.«

Sie hielt eine Hand hinter dem Rücken versteckt. Aber mit einer Schnelligkeit, die für so eine alte Frau erstaunlich war, sprang sie auf Lukrezias Rücken und schob ihr das Gebiss eines Zaums zwischen die Zähne. Lukrezia bäumte sich zornig wiehernd auf, aber sie konnte die Alte nicht abwerfen. Die packte uns dann alle, mich bei den Haaren und Mathilde am Kopf, und alle vier gerieten wir in einen frenetischen Tanz. Auf dem Korridor teilte Lukrezia nach allen Seiten Fußtritte aus und zertrat Gemälde, Stühle und irdene Töpfe. Die alte Frau klebte auf ihrem Rücken wie eine Muschel am Felsgestein. Ich war am ganzen Leib voller Wunden und glaubte, Mathilde sei tot. Sie zuckte jämmerlich wie ein nasser Lappen in der Hand der Alten.

In einer wahren Lärmorgie erreichten wir das Esszimmer. Dort saß am Kopfende eines langen Tisches ein alter Herr, der mehr als allem sonst einer geometrischen Figur ähnelte, und beendete seine Mahlzeit. Schlagartig wurde es mucksmäuschenstill in dem Raum. Lukrezia sah ihren Vater hochmütig an.

»Du kannst dich also wieder einmal nicht benehmen«, sagte er und knabberte an einer Haselnuss. »Mademoiselle de la Rochefroide hat gut daran getan, dich hierher zu bringen. Vor genau drei Jahren und drei Tagen habe ich dir verboten, Pferd zu spielen. Das ist jetzt das siebente Mal, dass ich dich bestrafe, und du bist dir wohl im Klaren darüber, dass die Zahl sieben in unserer Familie die letzte Zahl ist. Ich sehe mich gezwungen, meine liebe Lukrezia, dich ziemlich streng zu bestrafen.«

Das Mädchen in seiner Pferdegestalt rührte sich nicht, aber seine Nüstern bebten.

»Was ich nun tun werde, geschieht einzig und allein zu deinem Besten, kleines Mädchen«, sagte der Greis mit sehr sanfter Stimme. Dann fuhr er fort: »Du bist zu alt, um noch mit Tartar zu spielen. Tartar ist etwas für Kinder. Ich werde ihn also verbrennen, so dass nichts mehr von ihm übrig bleibt.«

Mit einem furchtbaren Schrei stürzte Lukrezia auf die Knie.

»Tu das nicht, Papa! Bitte nicht!«

Der Greis lächelte voller Sanftmut und knabberte an einer weiteren Nuss.

»Das siebente Mal, kleines Mädchen.«

Tränen stürzten aus den großen Pferdeaugen Lukrezias und gruben zwei Rinnsale in ihre Schneewangen. Sie wurde so blendend weiß, dass sie strahlte wie ein Licht.

»Erbarmen, Papa, Erbarmen! Verbrenne ihn nicht!«

Ihre schrille Stimme wurde immer schwächer, und bald kniete sie in einer Wasserlache. Ich hatte furchtbare Angst, sie würde vor meinen Augen zerschmelzen.

»Señorita de la Rochefroide, bringen Sie Fräulein Lukrezia hinaus«, sagte der Vater, und die Alte führte das arme Geschöpf, das ganz mager geworden war und zitterte, aus dem Zimmer.

Ich glaube, meine Anwesenheit hatte er gar nicht bemerkt. Ich versteckte mich hinter der Tür und hörte, wie der Greis zum Kinderzimmer hinaufstieg. Ein wenig später hielt ich mir mit beiden Händen die Ohren zu, denn ein entsetzliches Wiehern drang von oben herab, wie wenn ein Tier unerhörte Qualen erlitte…

*1938*

Darvault, um 1950, Öl auf Leinwand, 80 x 65 cm,
Sammlung Miguel S. Escobedo

## Onkel Sam Carrington

Wenn Onkel Sam Carrington den Vollmond sah, musste er unaufhörlich lachen. Dieselbe Wirkung hatte ein Sonnenuntergang bei Tante Edgeworth. Die beiden bereiteten meiner Mutter, die ein gewisses gesellschaftliches Ansehen zu wahren hatte, viel Kummer.

Als ich acht Jahre alt war, hielt man mich für den ernstesten Menschen in der Familie. Meine Mutter vertraute sich mir an. Sie sagte, sie müsse sich schämen, dass niemand sie einladen wolle, dass Lady Cholmondey-Bottom ihr auf der Straße nicht Guten Tag sagte. Ich war tief bestürzt.

Onkel Sam Carrington und Tante Edgeworth lebten in unserem Haus. Sie bewohnten das erste Stockwerk. Deshalb konnten wir nichts tun, um den besagten traurigen Zustand zu verheimlichen. Tagelang fragte ich mich, wie ich die Familie von dieser Schande befreien könnte. Schließlich war ich außerstande, die Anspannung und die Tränen meiner Mutter, unter denen ich sehr litt, länger zu ertragen. Ich beschloss, selber nach einer Lösung zu suchen.

Eines Abends, als die Sonne blutrot am Himmel stand und Tante Edgeworth sich auf ganz besonders abstoßende Weise erheiterte, nahm ich ein Glas Marmelade und einen Angelhaken und ging los. Um die Fledermäuse zu verscheuchen, sang ich: »Komm in den

Garten, Maude, denn die schwarze Fledermaus Nacht ist davongeflogen.« Mein Vater sang dieses Lied, wenn er nicht zur Kirche ging, und noch ein anderes, das hieß »Es kostet mich sieben Schillinge und Sixpence«. Er sang beide Lieder mit der gleichen Inbrunst.

Nun gut, dachte ich, die Reise hat begonnen. Die Nacht wird mir bestimmt eine Lösung bringen. Wenn ich bis zu der Stelle, zu der ich gehe, die Bäume zähle, komme ich nicht vom Weg ab. Auf dem Rückweg erinnere ich mich dann daran, wie viele es waren.

Aber ich vergaß, dass ich nur bis zehn zählen konnte, und selbst dabei machte ich noch Fehler. So hatte ich in kurzer Zeit bald mehrmals bis zehn gezählt und war schließlich völlig verwirrt. Überall um mich herum standen Bäume. Ich bin im Wald, sagte ich mir. So war es.

Der Vollmond streute sein Licht über die Bäume, so dass ich ein paar Meter vor mir den Grund für ein besorgniserregendes Geräusch erkennen konnte. Die Störung wurde von zwei Kohlköpfen verursacht, die furchtbar miteinander kämpften. Sie rissen sich gegenseitig mit solcher Grausamkeit die Blätter ab, dass bald nur noch diese Blätter und keine Köpfe mehr übrig waren.

Nicht schlimm, sagte ich mir. Es ist ja nur ein Albtraum. Doch plötzlich entsann ich mich, dass ich in dieser Nacht gar nicht zu Bett gegangen war und es also kein Albtraum sein konnte. Wie entsetzlich, dachte ich.

Ich ließ die Leichen liegen und setzte meinen Weg fort. Wenig später begegnete ich zufällig einem Freund:

jenem Pferd, das Jahre später eine wichtige Rolle in meinem Leben spielen sollte.

»Hallo«, rief es. »Suchst du etwas?« Ich erklärte ihm den Zweck meines nächtlichen Ausflugs.

»Offenbar«, sagte das Pferd, »ist das, gesellschaftlich betrachtet, äußerst kompliziert. Hier in der Nähe wohnen zwei ältere Damen, die sich mit derartigen Problemen befassen. Ihr erklärtes Ziel ist die Tilgung von Familienschande. Sie kennen sich damit aus. Wenn du willst, bringe ich dich zu ihnen.«

Die Fräulein Cunningham-Jones besaßen ein abseits liegendes Haus, das von wilden Pflanzen und von Unterwäsche aus vergangenen Zeiten umgeben war. Wir fanden sie im Garten, wo sie gerade eine Partie Dame spielten. Das Pferd steckte seinen Kopf zwischen den Beinen einiger Damenschlüpfer aus dem Jahre 1890 hindurch und sprach die Fräulein Cunningham-Jones an.

»Lassen Sie Ihre kleine Freundin hereinkommen«, sagte das rechts sitzende Fräulein mit einer sehr distinguierten Aussprache. »Wir sind stets bereit zu helfen, wenn es um Fragen des guten Rufs geht.« Die andere Dame neigte huldvoll den Kopf. Sie trug einen gewaltigen Hut, der mit allen möglichen Gärtnereierzeugnissen geschmückt war.

»Ihre Familie, junge Dame«, sprach sie mich an und bedeutete mir, auf einem Louis-Quinze-Stuhl Platz zu nehmen, »stammt sie von unserem teuren verstorbenen Herzog von Wellington ab? Oder von Sir Walter Scott, diesem hochherzigen Aristokraten der reinen Literatur?«

Ich war ein wenig verwirrt. In meiner Familie gab es keine Aristokraten. Als sie bemerkte, dass ich erschrocken war, sagte sie mit dem bezaubernndsten Lächeln: »Liebes Kind, Sie müssen wissen, dass wir hier nur Angelegenheiten in Ordnung bringen, welche die ältesten und vornehmsten Familien Englands betreffen.«

Eine plötzliche Eingebung zuckte mir durch den Kopf.

»Zu Hause im Esszimmer …«, sagte ich.

Das Pferd versetzte mir einen wuchtigen Tritt in den verlängerten Rücken. »Sprich nie von etwas so Vulgärem wie Essen«, flüsterte es mir zu.

Zum Glück waren die Ladys ein wenig schwerhörig. Mich verbessernd, fuhr ich unsicher fort: »In unserem Gesellschaftszimmer steht ein Tisch, auf dem angeblich im Jahre 1700 eine Herzogin ihr Lorgnon liegen gelassen hat.«

»In diesem Falle«, erwiderte das Fräulein, »können wir vielleicht zu einer Einigung gelangen. Natürlich werden wir eine recht hohe Vergütung verlangen müssen. Warten Sie hier einige Minuten, dann werden wir Ihnen geben, was Sie brauchen. Inzwischen können Sie sich die Illustrationen in diesem Buch hier ansehen. Es ist belehrend und interessant. Keine Bibliothek ist vollständig ohne dieses Werk. Meine Schwester und ich haben stets nach seinem bewundernswerten Vorbild gelebt.«

Die Überschrift des Buches lautete: *Die Geheimnisse der Blüten der Kultiviertheit oder Die Gewöhnlichkeit der Nahrung.*

Als die beiden Frauen hinausgegangen waren, fragte das Pferd: »Kannst du gehen, ohne ein Geräusch zu machen?«

»Gewiss«, erwiderte ich.

»Dann lass uns den Ladys bei ihrer Arbeit zusehen«, sagte es. »Aber so dir dein Leben lieb ist, mach kein Geräusch.«

Die beiden alten Damen waren in ihrem Gemüsegarten, der sich, von einer weiten Mauer umfriedet, hinter dem Haus erstreckte. Ich kletterte auf den Rücken des Pferdes, und da bot sich mir ein überraschender Anblick: Die Fräulein Cunningham-Jones, beide mit einer riesigen Peitsche bewaffnet, schlugen auf die Gemüsepflanzen ein und schrien: »Man muss leiden, um in den Himmel zu kommen. Wer keine Korsetts trägt, wird nie dorthin gelangen.«

Die Gemüsepflanzen kämpften ihrerseits miteinander, und die größeren unter ihnen warfen die kleineren mit wütendem Geschrei auf die Ladys.

»So ist das immer«, murmelte das Pferd. »Die Gemüsepflanzen müssen um der Gesellschaft willen leiden. Gleich wirst du sehen, wie sie eine für dich ausrupfen – eine, die für die Sache ihr Leben lassen wird.«

Die Gemüsepflanzen machten nicht den Eindruck, als seien sie davon begeistert, einen ehrenvollen Tod zu sterben, doch die Ladies waren stärker. Wenig später fielen ihnen zwei Mohrrüben und ein Zucchino in die Hände.

»Schnell!«, rief das Pferd. »Zurück!«

Kaum hatten wir wieder vor der *Gewöhnlichkeit der Nahrung* Platz genommen, als schon die beiden Fräulein, die beinahe so gesetzt wirkten wie vorher, ins Zimmer traten. Sie gaben mir ein Päckchen, in dem das Gemüse war, und ich bezahlte sie dafür mit dem Glas Marmelade und dem Angelhaken.

*1937–1940*

## Die Schwestern

»Drusille«, hieß es in dem Brief, »bald werde ich in Deiner Nähe weilen. Meine Liebe ist schon bei Dir. Ihr Flügelschlag ist schneller als mein Leib. Wenn ich fern von Dir weile, bin ich nur ein armseliger, ausgestopfter Vogel, denn mein Inneres, mein Herz und meine Gedanken sind bei Dir geblieben.

Drusille, ich küsse den Südwind, denn er eilt zu Dir … Drusille, mein Ein und Alles! Deine Stimme ist ergreifender als der Donner, Deine Augen sind erregender als Blitze. Drusille, wundervolle Drusille, ich liebe Dich, ich liebe Dich, ich liebe Dich, Drusille im Regen sitzend mit Deinem langgezogenen, wilden Gesicht ganz nahe an diesem Brief.«

Rings um sie her grollte der Donner, und der Wind peitschte ihr die nassen Haare ins Gesicht.

Das Gewitter war so entsetzlich, dass es die Blumen mitsamt ihren Stängeln fortriss und sie in schmutzigen Wasserläufen einem unbekannten Schicksal entgegentrug. Die Blumen waren nicht die einzigen Opfer: Die Rinnsale spülten auch zerfetzte Schmetterlinge, Früchte, Bienen und kleine Vögel fort.

Drusille, die inmitten all dieser Verwüstungen in ihrem Garten saß, lachte. Den Brief an ihre Brust gepresst, lachte sie ein heiseres, wildes Lachen. Auf ihren Füßen pfiffen zwei Kröten die eintönige Betrachtung: Drusille, meine Belsamine, Drusille, meine Belsamine.

Da riss die Sonne plötzlich die Wolken auf und tauchte den vor Nässe zitternden Garten in eine gelbe, grausame Hitze. Drusille erhob sich wie ein Gespenst aus dem Wasser und ging in ihr Haus zurück.

Engadine, die Magd, saß auf dem Boden; sie hatte die Hände voller Gemüse, das sie für das Abendessen vorbereitete. Sie blickte mit ihren schalkhaften Äuglein zu ihrer Herrin auf.

»Richte das Königsgemach«, sagte Drusille. »Heute Abend wird der König hier sein. Gieße rasch Parfum auf die Bettlaken.«

»Ich weiß es schon«, entgegnete Engadine. »Der Brief ist durch meine Hände gegangen.«

Drusille versetzte ihr einen Tritt in die Magengrube.

»Steh auf, du Drecksweib.«

Das Dienstmädchen erhob sich mit schmerzverzerrtem Gesicht.

»Jasmin oder Patschuli?«

»Patschuli auf die Kopfkissen, Jasmin auf die Betttücher und Moschus auf die Purpurüberzüge. Leg den fliederfarbenen Bademantel und den scharlachroten Pyjama aufs Bett. Beeil' dich, oder du fängst eine Ohrfeige.«

In der Küche wurden riesige Kuchen und Torten ins Feuer geschoben und aus dem Ofen gezogen. Überall lagen Granatäpfel und mit Lerchen gefüllte Melonen umher; ganze Ochsen drehten sich langsam an den Bratspießen; Pfauen, Fasanen und Truthennen warteten auf ihre Zubereitung. Märchenhafte Früchte in riesengroßen Behältern versperrten alle Korridore.

Langsam schlenderte Drusille durch diesen Wald von Nahrungsmitteln und kostete hier und da von einer Lerche oder einem Kuchen.

In den Kellergewölben flossen aus Fässern aus altem Holz Blut, Honig und Wein. Die meisten Dienstboten lagen sturzbetrunken am Boden.

Drusille nutzte die Gelegenheit und ließ eine Korbflasche mit Honig unter ihrem Rock verschwinden. Dann stieg sie hinauf zum Dachboden. Eine tiefe Stille erfüllte die oberen Bezirke des Hauses, auf den Wendeltreppen wimmelte es von Ratten und Fledermäusen. Drusille gelangte schließlich zu einer Tür, die sie mit Hilfe eines großen Schlüssels öffnete, den sie an einer Kette um den Hals trug.

»Juniper«, sagte sie, »bist du da?«

»Wie immer«, tönte es aus der Dunkelheit zurück. »Ich rühre mich nicht von der Stelle.«

»Ich bringe dir zu essen. Geht es dir heute besser?«

»Meine Gesundheit ist nach wie vor ausgezeichnet, Schwester.«

»Du bist krank«, entgegnete Drusille gereizt. »Armes kleines Mädchen.«

»Heute ist Donnerstag, nicht wahr?«

»Ja, das stimmt; heute ist Donnerstag.«

»Dann steht mir eine Kerze zu. Hast du eine?«

Drusille zögerte einen Augenblick, dann stieß sie mühsam hervor:

»Ja, ich habe dir eine Kerze mitgebracht. Ich bin freundlich zu dir.«

Stille.

Drusille zündete die Kerze an, die ein sehr schmutziges, fensterloses Dachkämmerchen erhellte. Dicht unter der Decke hockte auf einer Stange ein ungewöhnlich schönes weibliches Wesen und starrte mit geblendeten Augen auf das Licht. Ihr weißer, nackter Körper war mit Federn geschmückt, die auf den Schultern und rings um die Brüste wuchsen. Ihre weißen Arme waren weder Flügel noch Arme. Die weiße Masse ihres Haars floss um ihr Gesicht herab, dessen Fleisch wie Marmor war.

»Was bringst du mir zu essen?«, fragte sie und hüpfte auf ihrer Vogelstange umher.

Als Drusille die Bewegung des Geschöpfs bemerkte, schlug sie die Tür hinter sich zu. Aber Juniper hatte nur Augen für den Honig, den sie begierig anstarrte.

»Das muss mindestens zehn Tage vorhalten«, sagte Drusille.

Juniper aß eine Weile, ohne zu antworten.

»Zu trinken«, forderte sie schließlich.

Und Drusille hielt ihr ein Glas Wasser hin, doch Juniper schüttelte den Kopf.

»Heute nicht, ich brauche Roten …«

Drusille lachte:

»Kommt nicht in Frage! Das letzte Mal, als ich dir Roten gegeben habe, hast du mich gebissen. Das reizt dich zu sehr. Wasser ist sehr gut für den Durst.«

»Roten«, beharrte Juniper mit tonloser Stimme, »sonst schreie ich.«

Mit einem raschen Handgriff zog Drusille ein Messer zwischen ihren Brüsten hervor. Sie fuchtelte damit vor der Kehle ihrer Schwester herum, die mit heiseren Schreien auf ihrer Stange herumsprang. Es waren die Schreie eines Pfaus.

Ein Weilchen später sagte Juniper mit tränenerstickter Stimme:

»Ich will dir nichts Böses, ich möchte nur ein ganz kleines Gläschen, mehr nicht. Ich bin so durstig, so durstig. Liebe Drusille, ich möchte nur ein einziges Tröpfchen ... und danach fünf Minuten lang den schönen Neumond betrachten ... Niemand wird mich sehen ... niemand. Ich verspreche, ich schwöre es dir. Ich werde mich aufs Dach legen und den Mond betrachten. Ich werde nicht weglaufen, ich werde artig zurückkommen und schlafen gehen, sobald ich den Mond gesehen habe.«

Drusille lachte lautlos.

»Und dann? Soll ich den Mond vielleicht einfangen, um deinen Dachboden zu beleuchten? Hör zu, Juniper, du bist krank, sehr krank ... Ich will nur dein Bestes, und wenn du aufs Dach hinauskletterst, wirst du dir eine Erkältung holen, du wirst sterben ...«

»Wenn ich heute Nacht nicht den Mond sehe, bin ich morgen tot!«

Drusille stieß einen Wutschrei aus:

»Wirst du wohl still sein! Tue ich nicht genug für dich?«

Plötzlich hörten die beiden Schwestern unten das Geräusch eines näherkommenden Wagens. Die Dienstboten begannen, Befehle zu brüllen und sich gegenseitig zu beschimpfen.

»Ich muss jetzt gehen«, erklärte Drusille zitternd. »Geh schlafen.«

Juniper hüpfte auf ihrer Stange umher:

»Wer ist es?«

»Das geht dich nichts an«, erwiderte Drusille.

»Ratten, Fledermäuse, Spinnen ... die gehen mich etwas an.«

»Ich habe dir Socken zu stricken gegeben. Stricke.«

Juniper hob ihre seltsamen Arme, als wollte sie davonfliegen.

»Meine Hände eignen sich nicht zum Stricken.«

»Dann stricke mit den Füßen.«

Und Drusille rannte so hastig hinaus, dass sie vergaß, die Tür abzusperren.

Ex-König Jumart entstieg seinem alten Rolls-Royce. Sein langer eisengrauer Bart floss auf seine Kleider aus grünem Atlas herab, die mit Schmetterlingen und königlichen Initialen bestickt waren. Auf seinem prachtvollen Haupt saß eine gewaltige goldene Perücke mit rosafarbenen Schatten. Es sah aus wie eine Kaskade von Honig. Verschiedene Blumen, die hier und da aus den Locken seiner Perücke sprossen, schwankten im Wind. Der König streckte Drusille die Hände entgegen:

»Drusille, meine Belsamine!«

Drusille zitterte vor Erregung.

»Jumart, Jumart!«

Schluchzend und lachend sank sie ihm in die Arme.

»Ach, wie schön du bist, Drusille! Ich habe so oft von deinem Parfum und deinen Küssen geträumt.«

Arm in Arm schlenderten sie durch den Garten.

»Ich bin ruiniert«, seufzte Jumart, »meine Schatullen sind leer.«

Drusille gestattete sich ein triumphierendes Lächeln.

»Dann bleibst du eben bei mir! Ich kenne die Einsamkeit nur zu gut.«

Da zerriss ein langgezogener, heiserer Schrei die bleierne, trübe Atmosphäre des Gartens. Drusille wurde blass und murmelte: »Oh Gott, das ist doch nicht möglich … das darf doch nicht …«

»Was ist denn, meine Belsamine?«

Drusille warf mit einem Hyänenlachen den Kopf zurück:

»Es ist der Himmel. Diese gelblichen Wolken hängen so tief, dass ich fürchtete, sie fielen uns auf den Kopf! Übrigens bekomme ich bei diesem Gewitterwetter Migräne.«

»Küss mich«, flüsterte der König zärtlich. »Ich werde deine Migräne aufessen.«

Er bemerkte, dass Drusilles Gesicht dem eines Gespenstes ähnelte, er fürchtete sich und ergriff ihre Hand, um sich zu vergewissern, dass sie noch lebendig war.

»Dein Gesicht ist grün«, sagte er leise, »du hast tiefe Schatten unter den Augen!«

»Das sind die Schatten der Blätter«, erwiderte Drusille, und der Schweiß stand ihr auf der Stirn. »Ich bin müde von der Aufregung, drei Monate habe ich dich nicht gesehen.«

Plötzlich packte sie seinen Arm: »Jumart, liebst du mich? Schwöre, dass du in mich verliebt bist … Schwöre es, schnell!«

»Das weißt du doch«, sagte Jumart verwundert. »Was ist bloß in dich gefahren, meine Drusille?«

»Liebst du mich mehr als alle anderen Frauen? Mehr als alle Lebenden?«

»Ja, Drusille. Und du?«

»Ach«, versicherte Drusille mit bebender Stimme, »so sehr, dass du es nie erfahren wirst. Meine Liebe ist tiefer und schmerzhafter als das Feuer.«

In den Blättern am Ende des Gartens bewegte sich etwas und erregte die Aufmerksamkeit des Königs. Sein Gesichtsausdruck wurde ekstatisch, seine Augen leuchteten.

»Was siehst du?«, schrie Drusille. »Warum schaust du mit diesen entsetzlichen Augen dorthin?«

Mit einem Mal kam Jumart wieder zu sich und murmelte träumerisch einige Worte. Er schien aus einem Schlaf zu erwachen: »Der Garten ist so schön, Drusille. Ich ging durch einen Traum.«

Drusille rang nach Luft. Sie lächelte schmerzlich:

»Oder durch einen Albtraum … Zuweilen verwechselt man das. Lass uns zurückgehen, lieber Jumart, die Sonne ist untergegangen, und das Abendessen wird bald auf dem Tisch stehen. Wir werden es auf der Terrasse einnehmen, und so kannst du den Mondaufgang genießen. Heute Abend wird er bleicher und schöner sein als je. Wenn ich den Mondschein betrachte, glaube ich, deinen Bart zu sehen.«

Jumart seufzte:

»Die Dämmerung ist verzaubert, verhext. Lass uns noch ein wenig draußen bleiben. Der Garten ist voller Magie. Man weiß nicht, was für ein herrliches Trugbild im nächsten Augenblick aus seinen purpurnen Schatten hervortreten wird.«

Drusille griff sich an die Kehle, und ihre Stimme hatte einen metallischen Klang:

»Lass uns umkehren, ich bitte dich. Gleich wird es dunkel, ich zittere vor Kälte.«

»Dein Gesicht ist ein grünes Blatt, das erst anlässlich des Neumonds gewachsen ist. Deine Augen sind Steine, die man in unterirdischen Höhlen fand. Deine Augen sind unheimlich.«

Drusilles Stimme überschlug sich:

»Du bist ja mondsüchtig. Übergeschnappt bist du. Du siehst Dinge, die es gar nicht gibt. Reich mir deine Hand, ich führe dich zurück zum Haus.«

»Piff, paff, puff«, erwiderte der König und zwirbelte seinen Schnurrbart. »Wer von uns beiden ist verrückter? Halte keine Predigten. Wenn auch meine Ländereien, meine Schlösser verloren sind, so bin ich doch der glücklichste unter den Menschen.«

Entzückt von diesen tiefsinnigen Betrachtungen machte der König einige Tanzschritte und rieb sich die Hände. Drusille betrachtete die Bäume, und die Früchte, die zwischen den Blättern hingen, kamen ihr wie kleine Leichen an einem Galgen vor. Sie blickte zum Himmel auf und sah in den Wolken Ertrunkene treiben. Ihre Augen waren voller Entsetzen.

»Mein Kopf ist die Bahre meiner Gedanken, mein Leib ist ein Sarg.«

Langsam ging sie hinter dem König her, die Hände vor sich gefaltet.

Eine Glocke kündigte das Abendessen an.

Engadine kam aus der Küche. Sie trug ein mit Nachtigallen gefülltes Spanferkel auf. Schreiend blieb sie stehen. Vor ihr stand eine weiße, triumphierende Erscheinung und versperrte den Gang.

»Engadine!«

»In drei Teufels Namen, Fräulein Juniper!«

»Wie rot du bist, Engadine!«

Die Magd wich zurück. Die Erscheinung setzte ihr hüpfend nach.

»Ich komme aus der Küche«, sagte Engadine. »Es ist heiß in der Küche.«

»Ich hingegen bin ganz weiß, ganz weiß, Engadine. Weißt du warum? Verstehst du dieses gespensterhafte Weiß?«

Wortlos schüttelte Engadine den Kopf.

»Nun ja, weil ich niemals Licht sehe ... Jetzt brauche ich etwas, liebe, kleine Engadine.«

»Was denn, was denn?«, stammelte das Dienstmädchen. Und sie zitterte so sehr, dass ihr das Ferkel zu Boden fiel und der Teller in tausend Stücke zersprang.

»Du bist so rot ... so rot ...«

Bei diesen Worten stieß Engadine einen langen grässlichen Schrei aus, der wie der Schrei einer Sirene klang. Juniper sprang sofort. Sie wälzten sich am Boden, Juniper zuoberst, den Mund auf Engadines Hals gepresst.

Sie saugte und saugte viele Minuten lang, und ihr Leib schwoll gewaltig an, er wurde strahlend und prachtvoll. Ihre Federn glitzerten wie Schnee in der Sonne, ihr Schwanz schimmerte in allen Farben des Regenbogens. Sie reckte den Kopf in die Höhe und krähte wie ein Hahn. Und dann versteckte sie den Leichnam in der Schublade eines Möbelstücks.

»Und jetzt der Mond!«, krähte sie und hüpfte flatternd zur Terrasse. »Jetzt der Mond!«

Drusille, nackt bis zu den Brüsten, schlang ihre Arme um Jumarts Hals. Die Glut des Weins erhitzte ihre Haut wie eine Flamme, sie glänzte vor Schweiß. Ihre Haare wanden sich wie schwarze Vipern, und aus ihrem halb geöffneten Mund rann der Saft eines Granatapfels.

Allerlei Fleisch, verschiedene Weine und Kuchen, alle halb zerdrückt und verdorben, lagen in aberwitzigem Überfluss um sie herum verstreut. Der Inhalt gewaltiger Marmeladetöpfe, die umgestülpt auf dem Boden lagen, bildete um ihre Füße einen klebrigen See. Den Kopf des Ex-Königs Jumart zierte ein Pfauengerippe. Sein schöner Bart war von Saucen, Fischköpfen und zerquetschten Früchten verunstaltet. Sein Gewand war zerrissen und mit allerlei Speisen besudelt.

*1939*

Ferret Race, 1950/51, Öl auf Leinwand, 101,5 x 56 cm, Privatsammlung

## Wenn sie vorbeikamen

Wenn sie dort am Rande des Gebirges vorbeikamen, zogen die Brombeerbüsche ihre Dornen ein wie die Katzen ihre Krallen.

Es war ein sehenswertes Schauspiel: fünfzig schwarze Katzen und ebenso viele gelbe und dazu *sie*, und es war nicht sicher, ob sie ein Mensch war. Allein ihr Geruch ließ einen daran zweifeln, ein Gemisch wie aus Gewürzen und Wildfleisch, aus Pferdeställen und dem Pelzwerk der Gräser.

Stets auf einem Rad sitzend, fuhr sie über die schwierigsten Wege, durch Abgründe und zwischen den Bäumen hindurch. Jemand, der noch nie auf einem Rad gereist ist, könnte sagen, das sei sehr schwer, doch sie war daran gewöhnt.

Sie hieß Virginia Fur, hatte meterlanges Haar und riesige Hände mit schmutzigen Fingernägeln; trotzdem hatten die Bürger des Gebirges Respekt vor ihr, und auch sie begegnete ihnen und ihrer Lebensweise stets mit einer gewissen Achtung. Freilich waren die Bewohner dort oben Pflanzen, Tiere und Vögel, sonst wäre alles ganz anders gewesen, als es war. Natürlich wurde auch sie beschimpft und beleidigt, genauso heftig und in der gleichen Sprache. Sie, Virginia Fur, wohnte in einem von den Menschen schon lange verlassenen Dorf. Ihr Haus hatte überall Löcher, die sie für den Feigenbaum, der in der Küche wuchs, in die Wände gebrochen hatte.

Außer dem Unterstellplatz für das Rad waren alle anderen Räume von den Katzen bewohnt; es gab insgesamt vierzehn Zimmer. Jede Nacht fuhr sie auf ihrem Rad hinaus, um zu jagen; trotz ihrer Achtung ließen sich die Tiere des Gebirges aber nicht so leicht töten, und so war sie gezwungen, sich mehrere Tage in der Woche von herrenlosen Hirtenhunden, manchmal auch von einem Schaf oder einem Kind zu ernähren, doch diese letztgenannte Speise war sehr selten, denn Menschen gab es kaum in diesem Winkel.

Es war Herbst, als sie eines Nachts zu ihrer Verwunderung bemerkte, dass ein schwererer Schritt als der eines Tieres ihr folgte; es war ein sehr schneller Schritt.

Der ekelhafte Geruch eines menschlichen Wesens stieg ihr in die Nase; mit einer heftigen Anstrengung trieb sie ihr Rad an: umsonst. Sie hielt an, als der Verfolger neben ihr war.

»Ich bin Sankt Alexander«, sprach dieser sie an. »Steig ab, Virginia Fur, ich möchte mit dir reden.«

Wer mochte dieser Kerl sein, der sich erlaubte, sie zu duzen? Ein Kerl von seltener Schmutzigkeit übrigens in seinem Mönchsgewand.

Die Katzen hielten sich verächtlich abseits.

»Ich möchte dich nämlich bitten, in die Kirche einzutreten«, fuhr er fort. »Ich hege die Hoffnung, deine Seele zu gewinnen.«

»Meine Seele!«, erwiderte Virginia. »Die habe ich

längst für ein Kilo Trüffeln verkauft. Da müssen Sie Yams das Wildschwein fragen.«

Er dachte über die gesamte Länge seines grünlichen Gesichtes nach. Schließlich erklärte er mit einem kurzen listigen Lächeln:

»Ich habe nicht weit von hier eine schöne kleine Kirche. Ihre Lage … einfach wundervoll! Und erst der Komfort! Jeden Abend finden Erscheinungen statt, und den Friedhof müsstest du sehen! Traumhaft! Von dort hast du einen Ausblick auf die umliegenden Berge, der bis zu hundert Kilometern und mehr weit ist. Komm mit mir, Virginia.«

Und mit schmeichelnder Stimme fuhr er fort:

»Ich verspreche dir beim Haupt des kleinen Jesuskindes, dass du ein schönes Plätzchen auf meinem Friedhof bekommen wirst, direkt neben dem Standbild der Heiligen Jungfrau. (Glaub mir, das ist die beste Stelle.) Und ich werde selbst die Beerdigungsriten zelebrieren. Denk nur, die Beerdigungsriten vom großen Sankt Alexander persönlich!«

Die Katzen fauchten vor Ungeduld, doch Virginia dachte nach: ›Man sagt, in den Kirchen gebe es gutes Geschirr, einen Teil davon in Gold, und den Rest kann man auch gut gebrauchen.‹ Sie unterrichtete die Katzen in deren Sprache und sagte zu dem Heiligen:

»Monsieur, was Sie da sagen, interessiert mich bis zu einem gewissen Grade, aber es verstößt gegen meine Grundsätze, die Jagd zu unterbrechen. Wenn ich mit Ihnen gehe, werde ich gezwungen sein, bei Ihnen zu Abend zu essen, natürlich mit meinen hundert Katzen!«

Er blickte mit einer gewissen Besorgnis zu den Katzen hinüber, nickte dann aber zustimmend.

»Um dich auf den Weg des Wahren Lichts zu führen«, murmelte er, »werde ich zusehen, ob ich ein Wunder tun kann. Ich bin nämlich arm, verstehst du, sehr, sehr arm. Ich esse nur einmal in der Woche, und diese einzige Mahlzeit besteht aus Ziegenköteln …«

Ohne allzu große Begeisterung machten sich die Katzen auf den Weg.

Etwa hundert Meter von der Kirche Sankt Alexanders entfernt befand sich das, was er »Meinen Garten der Kleinen Blumen der Kasteiung« nannte. Das war eine Ansammlung unheimlicher, zur Hälfte in den Boden eingelassener Gegenstände: Stühle aus Eisendraht (»Ich setze mich auf sie, wenn sie weiß glühend sind, und bleibe sitzen, bis sie wieder abkühlen«); riesengroße lächelnde Münder mit spitzen, vergifteten Zähnen; Wäsche aus Eisenbeton voller Skorpione und Vipern; Kissen aus Tausenden von schwarzen Mäusen, die sich gegenseitig anfielen und bissen, wenn das gebenedeite Gesäß woanders war.

Sankt Alexander zeigte seinen Garten Gegenstand für Gegenstand und mit einem gewissen Stolz.

»An Wäsche aus Eisenbeton hat nicht einmal die kleine Teresa von Ávila gedacht«, sagte er. »Das heißt, ich wüsste im Augenblick niemanden, der auf diese Idee gekommen wäre. Schließlich kann ja auch nicht jeder ein Genie sein.«

Den Eingang der Kirche schmückten Skulpturen, die Sankt Alexander in verschiedenen Phasen seines Lebens zeigten. Es gab auch einige von Jesus Christus, doch die waren weitaus kleiner. Das Innere der Kirche war sehr bequem eingerichtet: Samtkissen, deren Rosa ins Aschfarbene spielte, Bibeln aus echtem Silber und *Mein makelloses Leben oder Die Rosenstöcke der Seele Sankt Alexanders*, von ihm selbst verfasst und mit pfauenblauen Juwelen eingebunden. An den Wänden vermittelten Flachreliefs aus Bernstein intime Einzelheiten aus der Kindheit des Heiligen.

»Ruht euch aus«, sagte Sankt Alexander. Und die hundert Katzen setzten sich auf hundert aschfarbenrosa Kissen.

Virginia blieb stehen und sah sich interessiert die Kirche an; sie beschnupperte den Altar, von dem ganz zart ein vertrauter Geruch ausging, aber sie konnte sich nicht erinnern, wo sie ihn schon wahrgenommen hatte.

Sankt Alexander stieg auf die Kanzel und erklärte, er werde jetzt ein Wunder vollbringen. Jeder hoffte, es werde dabei etwas Essbares herausschauen.

Er nahm eine Flasche Wasser und spritzte Tropfen in alle Richtungen.

»Schnee der Reinheit«, begann er alsdann sehr leise. »Säule der Tugend / Sonne der Güte / Duft …« Usw.

Damit fuhr er fort, bis vom Altar eine Wolke herabströmte, die wie geronnene Milch aussah. Diese Wolke nahm bald die Gestalt eines dicken Lamms mit listigen Augen an. Sogleich stieß Sankt Alexander immer lauter werdende Schreie aus, und das Lamm schwebte langsam zur Decke empor.

»Lamm Gottes, liebster kleiner Jesus, bitte für die armen Sünder!«, brüllte der Heilige.

Doch seine Stimme hatte ihre äußerste Höhe und Lautstärke erreicht und überschlug sich. Das Lamm, das unterdessen ungewöhnlich groß geworden war, zerplatzte und fiel in vier Teile geteilt auf den Boden herab. Im gleichen Augenblick stürzten sich die Katzen, die das Wunder bis dahin regungslos verfolgt hatten, mit einem einzigen Satz auf das Lamm. Es war ihre erste Mahlzeit an diesem Tag. Das Lamm war rasch verzehrt. Sankt Alexander verlor sich in einem Staubnebel, der das Einzige war, was vom Geruch der Heiligkeit übrig blieb.

Von weither war pfeifend eine dünne Stimme zu hören:

»Jesus hat sein Blut vergossen, Jesus ist tot, Sankt Alexander wird sich rächen.«

Virginia nahm die Gelegenheit wahr, um sich die Tasche mit geweihtem Geschirr vollzustopfen, und verließ dann die Kirche mit den hundert Katzen in ihrem Gefolge. Vor Geschwindigkeit zischend fuhr das Rad durch die Wälder. In Virginias wehenden, weiten Haaren verfingen sich Fledermäuse und Nachtfalter; ihre sonderbaren Hände gaben den Tieren gestikulierend zu verstehen, die Jagd sei vorbei; sie machte den Mund auf, und eine blinde Nachtigall flog hinein; sie verschluckte sie und sang mit der Stimme des Vogels: »Der kleine Jesus ist mausetot, wir hatten ein gutes Abendbrot.«

In der Nähe von Virginias Haus lebte ein Wildschweineber. Dieser Eber besaß, umwuchert von schwarzen Locken, nur ein einziges Auge mitten auf der Stirn. Sein Hinterteil zierte eine dichte rötliche

Haarpracht und seinen Rücken sehr harte Borsten. Virginia kannte dieses Tier, und sie tötete es nicht, weil es wusste, wo sich die Trüffeln verstecken.

Das Wildschwein hieß Yams, und es war sehr glücklich über seine Schönheit. Es machte ihm Spaß, sich mit Früchten, Blättern und Pflanzen zu behängen; aus Kleingetier und Insekten bastelte es sich Halsketten. Es tötete diese Tiere nur, um sich elegant zu machen, denn es fraß nichts anderes als Trüffeln.

Jeden Abend, wenn der Mond schien, ging Yams zum See, um sich selbst im Wasser zu bewundern. Hier beschloss er eines Abends, als er gerade ein Mondbad nahm, Virginia zu seiner Geliebten zu machen. Er bewunderte vor allem ihren fruchtigen Geruch und ihr langes Haar, das immer voll kleiner Nachttiere war. Er entschied, sie sei sehr schön und wahrscheinlich noch Jungfrau. In Gedanken an ihre Reize wälzte er sich wollüstig im Schlamm. ›Sie hat alle Gründe, mich zu nehmen‹, sagte er sich. ›Bin ich nicht das wunderlichste Tier des ganzen Waldes?‹

Als Yams sein Mond- und Schlammbad beendet hatte, stand er auf, um seine kostbarsten Gewänder zu holen und Virginia um ihre Hand zu bitten.

Noch nie sahen weder Tier noch Vogel so prachtvoll aus wie Yams in seinen Freierskleidern. Auf seinem lockenbedeckten Schädel saß festgebunden eine junge Nachtschwalbe. Dieser Vogel mit seinem haarigen Schnabel und den erstaunt dreinblickenden Augen schlug mit den Flügeln und suchte unter den Geschöpfen, die nur bei Vollmond ihre Schlupfwinkel verlassen, unentwegt nach Beute. Eine Perücke aus

Eichhörnchenschwänzen und Früchten fiel rings um Yams' Ohren herab, die er zur Feier des Tages mit zwei kleinen Hechten durchbohrte, die er verendet am Seeufer gefunden hatte. Seine Hufe waren vom Blut eines Karnickels, das er beim Herumrennen zertrampelt hatte, rot gefärbt. Sein Körper war vollständig in einen purpurnen Umhang gehüllt, den er auf geheimnisvolle Weise aus dem Wald mitgebracht hatte. Sein rothaariges Hinterteil hielt Yams bedeckt, denn er wollte sich nicht auf einen Schlag in seiner ganzen Schönheit zeigen.

Langsam und sehr würdevoll schritt er vor sich hin; die Heuschrecken verstummten vor Bewunderung. Als er unter einer Eiche hindurchging, sah er zwischen den Blättern einen Rosenkranz herabhängen; er wusste, dass daran ein Körper befestigt war, und er hörte von oben ein schrilles, spöttisches Lachen.

›Bei nächster Gelegenheit‹, dachte Yams, ›wird der mit einer anderen Seite seiner Visage lachen.‹ Und er setzte seinen Weg fort, ohne sich noch einmal umzuwenden.

So kam er schließlich zu Virginia; sie hockte auf den Fersen vor einem Kochkessel, der über dem Feuer vibrierte und eine kleine Musik erklingen ließ. Oben und unten und in sämtlichen Winkeln der Küche saßen regungslos die Katzen und starrten auf den Kochtopf.

Als Virginia Yams erblickte, sprang sie auf den Tisch.

»Sie kriechen aber in einem merkwürdigen Aufzug aus diesen Wäldern!«, rief sie, nach Luft ringend, tief beeindruckt von seiner Schönheit.

Yams' Augen wurden abwechselnd matt und glänzend; die Nachtschwalbe stieß ihre kümmerlichen Schreie aus, die fast zu hell waren, um dem Ohr noch vernehmbar zu sein. Yams trat vor und setzte sich neben dem Feuer auf sein rothaariges Hinterteil.

»Erkennen Sie meine Freierskleider?«, fragte er ernst und gemessen. »Wissen Sie, dass ich sie Ihretwegen trage, Virginia? Bemerken Sie, dass die Füße der Nachtschwalbe in meinen Schädel gekrallt sind? Das geschieht für Sie, ich liebe Sie nämlich. Ich krümme mich vor Lachen, wenn ich die Nacht sehe, denn mein Körper birst vor Liebe. Antworten Sie mir, Virginia: Wird dies unsere Nacht sein?«

Er stockte, denn seine Ansprache war nur bis zu dieser Stelle vorbereitet. Zitternd sandte Virginia in hohem Bogen einen Mund voll Spucke ins Feuer, ein Zaubermittel gegen Liebesworte. Sie fürchtete sich vor Yams' Schönheit. Danach spuckte sie auch in den Kochkessel, tauchte ihren Mund in die glühend heiße Flüssigkeit und schlang einen kräftigen Schluck davon hinunter. Mit einem wilden Schrei zog sie den Kopf aus dem Kessel zurück; sich die Haare mitsamt den Wurzeln ausraufend, sprang sie um Yams herum. Dieser erhob sich, und gemeinsam tanzten sie einen ekstatischen Tanz. In wütender Erregung und wild fauchend, schlugen sich die Katzen gegenseitig die Krallen in den Nacken. So ineinander verknäuelt, stürzten sie sich auf Yams und Virginia, die unter einem Berg von Katzen verschwanden. In dieser Umhüllung liebten sie sich.

*

Es geschah selten, dass die Jäger auf den Berg kamen; eines Morgens aber entdeckte Virginia Fur zwei menschliche Gestalten mit Gewehren über der Schulter. Sie versteckte sich in einem Brombeerstrauch, und die Menschen gingen nahe an ihr vorbei, ohne ihren Geruch zu bemerken. Sie erschrak über ihre Steifheit und ihre ungelenken Bewegungen. Leise vor sich hin schimpfend fuhr sie nach Hause zurück, um Yams zu warnen. Doch der war nicht da.

Von Neuem fuhr sie, begleitet von den hundert Katzen, auf ihrem Rad hinaus.

Im Wald erfuhr Virginia, dass es schon mehrere Tote gegeben hatte. Scharen von Vögeln und wilden Tieren saßen beim Leichenschmaus. Voller Angst schlugen sie sich die Bäuche voll und stießen Zaubersprüche gegen die Jäger aus.

Virginia suchte ihren Geliebten. Aber sie fand weder eine Spur von ihm, noch stieß sie auf seinen Geruch.

Erst im Morgengrauen erfuhr sie von einem Dachs, Yams sei tot. Er sei zusammen mit tausend Vögeln, vierzig Hasen und ebenso vielen Rehen ermordet worden.

Der Dachs erzählte, auf einem Baumstamm sitzend, die Geschichte wie folgt:

»Diese Jäger, die Sie gesehen haben, kamen auf ihrem Weg an der Kirche von Sankt Alexander vorbei. Der Heilige saß dort gerade in seiner Folterwäsche; er hatte sie kommen sehen und betete mit lauter Stimme. Die Jäger erkundigten sich nach dem Wild.

›Ich bin der Beschützer der Kleinen Tierchen des lieben Gotts‹, entgegnete er. ›Aber in meiner Kirche steht ein Almosenstock für die Armen. Wenn ihr da etwas hineintut, ist es möglich, dass der liebe Gott euch den See zeigt, an dem sich jeden Abend ein dickes Wildschwein tummelt.‹

Nachdem die Jäger Geld in den Kasten geworfen hatten, führte der Heilige sie zum See, nicht ohne zuvor den Betrag zu prüfen, den sie gespendet hatten.

Yams betrachtete selbstvergessen sein Spiegelbild im Wasser. Die Jäger schossen auf ihn, und den Rest besorgten ihre Hunde. Dann taten sie Yams in einen großen Sack und sagten:

›Der ist für das Gasthaus in Glane; dafür bekommen wir mindestens einen Hunderter.‹«

Gefolgt von den Katzen fuhr Virginia nach Hause zurück. Dort kam sie in der Küche mit sieben kleinen Wildschweinfrischlingen nieder. Aus Sentimentalität behielt sie dasjenige, das Ähnlichkeit mit Yams hatte. Die anderen sechs briet sie als Leichenschmaus für sich und die Katzen.

Das Rad, die Katzen und Virginia verschmolzen mit den Bäumen und dem Wind. Ihre Schatten, schwarz und beunruhigend, zogen mit einer Geschwindigkeit ohnegleichen hinüber auf die Flanke des Berges. Sie schrien etwas. Die Vögel der Nacht erwiderten: »Weeeeer? Der heilige Franz? Schon wieder diese Nervensäge! Tötet ihn; das heißt, ist er nicht schon tot? Wir haben genug von diesem Quatsch. Er ist es nicht? Wer dann? Ach so, Sankt Alexander, aiiiiih! Bringt auch ihn um, er ist ein Heiliger.« Und sie flogen mit den Schatten und kreischten: »Brrrringt ihn um! Brrrrringt ihn um!« Bald geriet der ganze Erdboden in Bewegung; alle Tiere kamen aus ihren Löchern hervor und schrien: »Brrrringt ihn um …«

Neunzigtausend Pferde sprangen auf und zertrampelten ihre Ställe, um mit ihnen davonzugaloppieren, mit den Hufen den Boden stampfend und wiehernd: »Brrrrringt ihn um, diesen Drecks-Alexander, brrrrringt ihn um …«

*

Zwei schwarz gekleidete Damen wanderten durch den Schnee. Die eine redete viel; die andere machte den Eindruck, als wollte sie diesem Spaziergang am liebsten ein rasches Ende bereiten, doch wenn man ihr genauer ins Gesicht sah, wusste man, dass sie eine von diesen Damen war, die unter allen Umständen ihre Pflicht erfüllen. Die fortwährend sprach, besaß eine kristallklare Stimme, eine jener Stimmen, die einem in einem Eisenbahnabteil, wenn man gerade schlafen möchte, so unangenehm in die Ohren dringen.

»Mein Mann liebt mich sehr«, sagte sie. »Er ist sehr bekannt, wissen Sie. Ein kindlicher Mensch! Torheiten liebt er über alles! Ich lasse ihm viel Freiheit, meinem Mann, obwohl ich sehr krank bin. Ich werde bald sterben, vielleicht schon in einem Monat.«

»Aber nicht doch«, sagte die andere zerstreut. »Wie herrlich diese verschneiten Berge sind!«

Die Redselige lachte kurz auf:

»Ja, herrlich, nicht wahr? Aber ich sehe nur die Ärmsten, die in diesen entlegenen kleinen Dörfern leiden müssen. Ich fühle, wie sich deswegen mein Herz zusammenkrampft.«

Sie schlug sich vor ihre kümmerliche Brust, und die andere dachte: ›Da ist gar kein Platz für ein Herz. Ihre Brust ist zu schmal.‹ Der Weg stieg plötzlich steil an, und oben auf dem Gipfel des Berges tauchte ein Kloster auf.

»Was für ein schöner Ort, um zu sterben! Ich fühle mich so rein bei den Schwestern vom Ängstlichen Lächeln. Ich weiß, dass ich hier die Seele meines geliebten kleinen Gemahls zurückgewinnen werde.«

Zwei Männer kamen ihnen auf dem Fußpfad entgegen. Sie schleppten den Kadaver eines schönen Wildschweinebers.

»Ich werde das Wildschwein kaufen, um es den Schwestern zu schenken«, sagte die Dame. »Ich bin sehr großzügig, wissen Sie. Mein Mann hat mich oft gescholten. Er sagte, ich würfe das Geld zum Fenster hinaus. Aber werden sie sich nicht freuen, die Schwestern, über ein solches Abendessen? Ich selbst, wissen Sie, esse sehr wenig; ich bin zu krank, und der Tod ist mir nahe!«

Sie drückte den Jägern Geld in die Hand und zeigte auf das Kloster.

»Für heute Abend«, sagte sie, »vergessen Sie's nicht. Es ist für die Schwestern.«

›Sie wird immer kindischer‹, dachte die andere, ›aber bald sind wir da. Nun ja, Pflicht ist Pflicht.‹

»Meine liebe kleine Engadine«, rief die Geschwätzige plötzlich, »umarmen und küssen Sie mich. Wissen Sie, ich bin immer noch ein kapriziöses kleines Mädchen und brauche so sehr ein klein wenig Liebe.«

Engadine tat so, als hätte sie nichts gehört. Sie schaute sich besorgt um. Es kam ihr bei zwei distinguierten und schon etwas älteren Damen lächerlich vor, sich plötzlich mitten im Schnee zu herzen. Im Übrigen gehörte das nicht zu ihren Pflichten; außerdem haftete ihrer Weggefährtin ein gewisser Krankengeruch an, der sie zusätzlich abstieß, und so schritt sie ein wenig schneller aus.

»Wissen Sie, die Schwestern erwarten Sie bereits. Sie möchten doch sicher rechtzeitig zum Gemeinschaftsgebet bei ihnen sein, nicht wahr?«

Die Sonne verbarg sich hinter schweren, dunklen Wolken. Eine Ziegenherde, angeführt von einem Ziegenbock, zog an den beiden Frauen vorbei. Drohend starrten die Tiere mit ihren diabolisch hellen Augen auf die vornehmen Personen.

»Sie jagen mir Angst ein, diese Tiere, sie riechen so schlecht! Bestialisch, dieser Geruch, er macht mir Angst.«

Aber die Ziegen starrten sie nur weiterhin an.

Der Aufstieg wurde noch mühsamer, und die Felsen verwandelten sich in Tiere, die für die beiden Damen äußerst beunruhigend waren. Die Bergwelt wurde nun karg und bedrohlich. Aus dem weichen Geräusch des Schnees klang es wie das ferne Galoppieren von Pferden.

Sie läuteten am großen Portal des Klosters, und nach geraumer Zeit, als sie schon ganz durchgefroren waren, öffnete ihnen ein kleines Persönchen.

»Der Herr Abbé ist gerade beim Gebet«, wisperte sie. »Die Oberin liegt auf den Knien. Folgen Sie mir also in die Kapelle.«

Sie liefen durch eine Reihe von Korridoren und gelangten schließlich zu der Kapelle. Der Abbé hatte seine Gebete soeben beendet, und die Oberin der Schwestern vom Ängstlichen Lächeln erhob sich mühsam vom Boden, denn das Gewicht ihrer grauweißen Fleischmassen engte sehr ihre Bewegungsfreiheit ein.

»Armes kleines Mädchen«, tuschelte die Nonne. »Kommen Sie doch ins Besuchszimmer.«

Als sie in diesem, einem großen, mit nachgemachten geweihten Trophäen aus allen Epochen geschmückten Raum, angekommen waren, schlang sich das ausufernde Weib um die andere wie ein Krake. Eine Weile standen sie starr in einem langen, üppigen Kuss.

Dann sprachen sie beide gleichzeitig:

»Ich bin gekommen, in diesen Klostermauern zu sterben …«

»Die Pension beträgt fünfhundert Francs im Monat …«

»Ich bin sehr krank, sehr krank …«

»… wobei die vollkommenen Ablässe nicht mitgerechnet sind, die kosten tausend Francs zusätzlich …«

»Mein geliebter kleiner Gemahl wird mich wohl häufig besuchen …«

»Was die Verpflegung betrifft, so müssen wir natürlich eine winzige Kleinigkeit mehr verlangen … Ich bete von morgens bis abends, mein Kind. Wir müssen uns um die Armen kümmern; das Leben in einer Gemeinschaft wie der unseren ist sehr …«

So verstanden sich beide ganz ausgezeichnet.

Um halb sieben läutete eine riesige Glocke für die Toten und zum Abendbrot, das unter strengem

Schweigen eingenommen wurde. An den Feiertagen las Schwester Ignatus, nach der Oberin die ranghöchste Befehlshaberin der Nonnen, laut vor. Sie läutete mit einer kleinen Tischglocke, und als jeder die Gabel mit Essen beladen hatte, verkündete sie:

»Der heutige Abend gehört für uns zu den bedeutendsten ... denn um halb acht wird in der Kapelle der große Sankt Alexander zu uns sprechen. Anschließend geben wir, um das Ereignis zu feiern, im Refektorium ein Essen.«

Die Augen der hundert Nonnen glänzten vor Freude, und man wusste nicht, ob es das Essen oder der Heilige war, was sie so in Erregung versetzte.

»Nun aber Kapitel tausendneun aus dem dreizehnten Band von *Das Leben Christi, Kindern erzählt.*«

Und alle nahmen wieder ihr übliches Gebet auf, das heißt aus gesegneter Langeweile und Schwarzbrot. Als die Kapelle mit Nonnen gefüllt war, intonierte die Orgel einen düsteren Lobgesang, und der Heilige betrat den Raum, gefolgt von fünf kleinen Knaben und einem Luftzug.

Er kniete nieder, und jemand begann zu singen. Keiner konnte leugnen, dass der Lobgesang einigermaßen normal war, aber nach und nach wurde er immer schneller. Die Nonnen taten ihr Bestes, um das Tempo zu halten, aber einige hinkten doch beständig leicht hinterher. Das klang recht eigenartig. Der Oberin wurde unbehaglich zumute, vor allem als der Heilige auf die Kanzel stieg und sechs dicke Katzen ihm langsam folgten. Sie begann zu schwitzen, und das taten auch die anderen Nonnen.

»Liebe Brüder und Schwestern, ich bin von weither gekommen, um euch mit dem Wort Gottes zu erquicken.«

Man hatte den Eindruck, als füllte sich der Altar mit Katzen.

»Die Unbarmherzigkeit des Lebens und die Versuchungen des Fleisches berühren euch hier in dieser gesegneten Abgeschiedenheit kaum.«

Es schien, als verbreitete sich ein durchdringend wilder Geruch in der Kirche, und in der Tat kletterte ein dicker Dachs Sankt Alexander seelenruhig auf den Kopf. Niemand wagte sich zu rühren. Der Heilige fuhr fort, wobei er von Zeit zu Zeit eine Handbewegung machte, als wollte er etwas verscheuchen.

»Aber«, sagte er und hob die Stimme, »hütet euch vor der Hoffart und den Sünden in Gedanken.«

Die Stimme im Chor sang eine Melodie, die kaum noch Ähnlichkeit mit einem Lobgesang hatte. Sankt Alexander musste schreien, um sich verständlich zu machen.

»Der liebe Gott ist allenthalben in euren Seelen …« Kreischende Vögel umflatterten die Kanzel.

»… in euren geheimsten Gedanken …« Und so sprach er weiter, bis er sich nicht länger auf den Beinen halten konnte, so sehr zerkratzten ihm die Katzen das Gesicht.

Da stieg er mit so viel Würde, wie er noch aufzubringen vermochte, von dem Predigtstuhl herab und verließ die Kapelle, gefolgt von den Nonnen.

Ein gewaltiger Tisch bog sich ächzend unter Schüsseln voller Wildbret, unter Kuchen und mit Wein gefüllten Korbflaschen. Der Heilige ließ sich an seinem Ehrenplatz nieder und bat den lieben Gott um die Erlaubnis, essen zu dürfen. Als der liebe Gott keine Antwort gab, setzten sich alle hin und fielen mit großem Appetit über den Festschmaus her. Die Oberin, die zur Rechten des Heiligen saß, flüsterte:

»Heiligster Vater, ich hoffe nur, dass Eure herrliche Ansprache nicht gestört worden ist.«

»Gestört?«, fragte er erstaunt zurück. »Wieso denn gestört?« Sein über und über von Kratzwunden bedecktes Gesicht drückte die größte Verwunderung aus.

»Schon gut, schon gut«, erwiderte die Nonne, die heftig errötet war. »Manchmal gibt es ein paar Fliegen in der Kirche …«

»*Ich* sehe und höre nie etwas, wenn ich mit dem lieben Gott spreche«, sagte die neue Pensionsdame, »nicht einmal Fliegen.«

Die beiden Frauen wechselten giftige Blicke.

»Das, meine liebe Dame«, entgegnete der Heilige, »ist ein nobler Gedanke. Kennen Sie ein kleines Gedicht, das ich in meiner Jugend geschrieben habe und das so beginnt: *In Lissabon / War ich Marquis / Und war Papst in Paris / Doch in Gottes Haus / Bin ich nur / Eine kleine Kirchenmaus.*«

»Sehr lebendig und dabei doch so kraftvoll!«, rief die Dame verzückt. »Ach, wie liebe ich die wahre Poesie!«

»Ich habe noch mehr«, sagte der Heilige bescheiden. »Ich finde, es gibt so wenige wirkliche Dichter, dass ich mich verpflichtet fühle, einen kleinen Beitrag zu leisten.«

Aus ihren schleimigen Augenwinkeln sah die Oberin sechs dicke Katzen lautlos in den Raum schleichen. Sie setzten sich neben den Heiligen und schlangen sich die Schwänze um die Pfoten. Die Oberin zuckte ein wenig zusammen, dann sagte sie, noch eine Spur grauer als sonst:

»Und Ihr Gatte, mein liebes Kind? Er muss ja sehr beschäftigt sein, dass er Sie so häufig allein lässt!«

»Mein Mann«, erwiderte die Dame laut, »ist sehr müde, er ruht sich aus.«

»So, so«, sagte die andere. »Sicher an der Côte d'Azur? Denken Sie an die Verlockungen des Fleisches, meine Liebe … Wäre nicht unser Herr mein Gemahl und hätte ich einen unter den armen Sündern hienieden gewählt, ich hätte keine Ruhe, ihn an der Côte d'Azur zu wissen. Schon gar nicht, liebes Kind, wenn meine erste Jugend bereits ihren Lenz verloren hätte. Seien wir doch aufrichtig.«

Die andere Dame bebte vor Wut, krampfhaft schlug sie die Finger in ihr Stück Brot.

»Mein liebster kleiner Gemahl vergöttert mich. Sicher, er begeht Dummheiten, aber wir sind füreinander geschaffen.«

»Ihr Gatte«, unterbrach sie der Heilige, »ist ein auffallend aussehender Mann, nicht wahr?«

»Kennen Sie ihn?«

Samain, 1951, Öl und Tempera auf Sperrholz, 91 x 55 cm, Privatsammlung

»Mir scheint, nicht weit von hier hat sich bei Bauersleuten ein Herr einquartiert, der den gleichen Namen trägt wie Sie. Er ist mittelgroß, hat helle Augen und trotz seiner jugendlichen Erscheinung graue Haare. Dieser Herr lebt nicht allein …«

Drückendes Schweigen breitete sich nach dieser Enthüllung aus.

»Wo?«, stieß schließlich die Dame hervor. Dann sagte sie, mit einem Blick über alle Anwesenden: »Natürlich kommt er immer in meinen kleinen heimatlichen Winkel, um sich auszuruhen; er wohnt bei seiner Schwester. Sehr hübsch, meine Heimat, nicht wahr?«

»Ihr Gatte wohnt bei den Perrigou. Zwei Frauen. Mutter und Tochter. Sie gehen nicht in die Kirche. Ihr Haus befindet sich in einem Dorf in der Nähe des Flusses. Es heißt Ayleau.«

Endlich nahte der Augenblick, da der Braten auf den Tisch kommen sollte, und aller Augen ruhten auf der Küchentür.

»Schwester Ignatus, nehmen Sie eine kupferne Trompete und blasen Sie einen langgezogenen, schwermütigen Tusch: ›Das Wildschwein!‹«

Krachend flog die Tür auf, und im Schweinsgalopp stürmten tausend Pferde herein, gefolgt von sämtlichen Tieren des Waldes, die schrien: »Bringt ihn um, bringt ihn um!« In dem Durcheinander, das nun folgte, erkannte man kaum die mehr oder minder menschliche Gestalt, die hoch auf einem Rad saß, das sich mit beispielloser Geschwindigkeit drehte. Auch sie schrie: »Bringt ihn um!«

*ca. 1938/39*

## Jemima und der Wolf

Die Gouvernante trat in den großen Salon. Sie schlug ihre kurzsichtigen, matten Augen nieder, als die Hausherrin sie ansah, die mit einer Stickerei beschäftigt war und dabei ihre Nadel in den Stoff stach, als wollte sie ihm Wunden zufügen.

»Sie können sich setzen«, sagte sie. »Ich möchte Sie ein paar Minuten sprechen, Mademoiselle Bleuserbes.«

Die Gouvernante nahm sich einen hohen, prachtvoll mit Gazellen und Vögeln bestickten Stuhl.

»Sie sind jetzt seit drei Jahren in diesem Haus tätig. Sie sind eine gebildete, kluge Frau, Sie sind sehr korrekt und haben Ihre Gefühle unter Kontrolle. Glauben Sie nicht, dass mir diese Eigenschaften entgangen sind; im Gegenteil, ich beobachte sehr genau, wenn ich Ihnen auch wenig in Ihre Arbeit hineinrede.«

Sie sah die Gouvernante mit einem kalten, durchdringenden Blick an.

»Aber … wie ich mir denken kann, haben Sie sicher bemerkt, dass ich mit dem Ergebnis Ihrer Bemühungen um meine Tochter nicht zufrieden bin.«

»Madame«, erwiderte die Gouvernante mit einer Stimme, die so matt war wie ihre Augen, »Ihre Tochter ist ein sehr schwieriges Kind.«

»Ich würde nicht so viel Geld für ihre Erziehung ausgeben, wenn sie nicht schwierig wäre«, sagte die Dame barsch.

Die Gouvernante errötete.

»Außerdem, so eine gewaltige Arbeit kann ein dreizehnjähriges Mädchen doch gar nicht machen … Ich möchte jetzt mehrere Dinge von Ihnen wissen, und ich verlange, dass Sie mir präzise antworten …«

Die Lippen der Gouvernante verfärbten sich ins Bläuliche.

»Jawohl, Madame«, sagte sie sehr leise.

»Vor einer Woche habe ich meiner Tochter eine Puppe geschenkt. Hat sie sich darüber gefreut?«

Einige Sekunden lang lag ein lastendes Schweigen im Zimmer.

»Nein, Madame.«

Die Dame sah mit hartem Blick auf ihre Stickerei herab.

»Was hat sie denn gesagt? Antworten Sie mir ganz genau, bitte.«

»Ihre Tochter, Madame, hat gesagt: ›Genügt es nicht, dass die Welt von der Hässlichkeit der Menschen erfüllt ist, ohne dass man noch Abbilder von ihnen machen muss?‹ Dann hat sie die Puppe bei den Füßen gepackt und ihr an einem Stein den Kopf zerschmettert.«

»Sagen Sie mir, Mademoiselle Bleuserbes, erscheint Ihnen dieses Verhalten bei einem Mädchen aus gutem Hause normal?«

»Nein, Madame.«

»Und Sie sind für dieses Mädchen und sein Verhalten verantwortlich. Ich gebe Ihnen noch ein paar Monate Zeit, um zu beweisen, dass Sie imstande sind, ein gewöhnliches Mädchen aus ihr zu machen. Andernfalls …«

Mademoiselle Bleuserbes krampfte die Hände vor ihrer mageren Brust ineinander und schwieg.

»Wo ist meine Tochter jetzt?«

»Im Garten, Madame.«

»Und was treibt sie dort?«

»Sie sucht etwas.«

»Seien Sie so freundlich und sagen Sie ihr, dass ich sie unverzüglich zu sprechen wünsche.«

Hastig verließ die Gouvernante das Zimmer. Wenig später kam sie mit dem Mädchen zurück, das man ihrer Obhut anvertraut hatte: Sie war ein für ihr Alter sehr großes Mädchen mit üppigen Haaren, die ihr halb das Gesicht verdeckten.

»Sie können gehen, Mademoiselle«, sagte die Mutter. »Jemima, komm her!«

Das Mädchen trat einen Schritt vor, und die Mutter konnte seine Augen sehen, die unter den Haaren hervorfunkelten.

»Streich dir die Haare aus dem Gesicht und sieh in den Spiegel.«

Jemima zuckte die Achseln und blickte gleichgültig in den Spiegel.

»Was siehst du?«

»Mich.«

»Dann sag mir, ob du dich schön findest.«

»Schöner als die meisten Leute.«

»Du bist tatsächlich ziemlich hübsch und könntest einmal eine sehr schöne Dame werden. Aber nicht, wenn du dich weiterhin derart lächerlich aufführst.«

Sie sahen sich wortlos an; das Gesicht der Mutter drückte eisige Kälte aus.

»Warum willst du unbedingt anders sein als andere Mädchen deines Alters?«

Jemima unterdrückte ein Lächeln.

»Ich weiß nicht, was du meinst, Mama.«

»Du weißt sehr gut, was ich meine, Jemima. Warum willst du deiner Mutter Kummer machen, die dich liebt wie ihr eigenes Fleisch und Blut?«

Jemima presste den Mund zu einem kalten, harten Schlitz zusammen.

»... deiner Mutter, die alles für dich tut und der du ewige Dankbarkeit schuldest. Deiner Mutter, für die du niemals im Leben einen Ersatz finden wirst und die nur dein Bestes will.«

Das Mädchen spuckte auf den schönen Teppich und hatte schon das Zimmer verlassen, ehe die Mutter merkte, was geschehen war. Sie war völlig überrascht und fuhr sich mit der Hand an die Stirn, die feucht geworden war.

»Ferdinand«, flüsterte sie, »was hast du mir angetan, als du mir diese Teufelin gemacht hast, die ich meine Tochter nenne?«

Draußen versteckte sich das Mädchen im Geäst eines hohen Baums. Dort, inmitten des grünen Dunkels, brach sie in ein unbändiges Lachen aus. Die Tränen liefen ihr die Wangen herab, und sie glaubte, an diesem Lachen zu ersticken, das sie nicht zu unterdrücken vermochte. Zitternd kam sie schließlich wieder zu sich, das Gesicht nass von Tränen und Schweiß. Sie sah, wie Ferdinand, ihr Vater, mit einem ihr unbekannten Mann im Garten spazieren ging. Es kam ihr so vor, als hätte dieser Mann einen Wolfskopf. Neugierig beugte sie sich vor, um ihn besser sehen zu können. ›Es liegt an den sich verändernden Schatten, dass ich diesen Eindruck habe‹, sagte sie zu sich selbst. ›Trotzdem, ich bin sicher, dass er einen Wolfskopf hat … Teufel, wie schön er ist! Schöner als die anderen Männer.‹ Plaudernd näherten sich die beiden dem Baum, auf dem sie saß, und enttäuscht stellte das Mädchen fest, dass der Fremde einen Menschenkopf und keineswegs einen Wolfskopf besaß. Dennoch fuhr sie fort, dem Mann interessiert zuzuhören und ihn anzusehen. Tatsächlich, mit seinem struppigen grauen Haar und seinem hageren Gesicht ähnelte er eher einem Tier als einem Menschen; aus der Nähe betrachtet hatten seine gelb-grünen Augen den gehetzten Blick eines wilden Tiers. Sein Anzug dagegen war sehr korrekt.

»Eine merkwürdige Krankheit hat meine Hühner befallen«, sagte Ferdinand und ließ sich ganz in der Nähe von Jemimas Baum im Gras nieder. »Meine Hühner leiden an der Krankheit, den Kopf zu verlieren …«

Sein Begleiter sah ihn fragend an.

»Ich habe den Verdacht, dass mir ein Fuchs diese üblen Streiche spielt«, fuhr Ferdinand fort, »denn er ist ja das unberechenbarste Tier, das es gibt. Ich habe den Hühnerstall vom schärfsten Hund bewachen lassen, den ich besitze, und trotzdem habe ich jeden Morgen eine andere Henne gefunden, die das Schicksal ihrer Vorgängerinnen teilte. Danach habe ich die ganze Nacht einen Dienstboten Wache stehen lassen, der mit einem Gewehr bewaffnet war. Da hat sich der Fuchs die Sache überlegt und ist eine Zeit lang weggeblieben. Jetzt, da außer den Hunden niemand mehr da ist, beginnt alles wieder von vorn, und wir finden jeden Morgen Hühner und Hähne mit abgebissenen Köpfen.«

Der Wolfsmensch dachte einen Augenblick nach. Gespannt beobachtete Jemima sein Gesicht: ›Was wird er jetzt sagen, was wird er jetzt sagen, der Wolfsmensch?‹

»Ich kenne die Gewohnheiten der Tiere gut«, antwortete dieser schließlich. »Könnte ich mir vielleicht einmal ein paar von diesen toten Hühnern ansehen? Was mich wundert, ist, dass niemand den Hund hat bellen hören. So ein Fuchs hat doch einen starken Geruch …«

Jemima, die bleich und bebend im Dunkel des Laubwerks saß, schien es, als blickte ihr der Wolfsmann direkt in die Augen, obwohl sie sich unsichtbar wähnte. Aber wenn er sie tatsächlich sah, so gab es kein Anzeichen, das darauf hingedeutet hätte.

»Sie können während Ihres Aufenthalts bei uns jede gewünschte Nachforschung anstellen, mein lieber Ambrose.«

›Dann wird er also einige Zeit hierbleiben‹, dachte Jemima voller Freude, aber auch ein wenig beklommen.

»Sie sind zu liebenswürdig, Ferdinand. Aber Ihr schönes Schloss, mein Freund, und vor allem Ihr herrlicher Garten animieren eher zum Müßiggang als zu irgendwelchen Nachforschungen.«

Seine Stimme war ausdruckslos, so als hätte er gerade erst sprechen gelernt und als artikulierte er die Worte eher, um sie auszuprobieren, als um Bedeutungen auszudrücken. ›Die menschliche Sprache klingt seltsam aus seinem Mund‹, dachte Jemima, und sie war glücklich darüber. Wenig später standen die beiden Männer wieder auf und schlenderten zum Schloss zurück. Jemima kletterte von ihrem Baum und ging zu einer alten Remise, die außer ihr niemand benutzte. Durch ein Loch in der Mauer stieg sie ins Innere des Schuppens. Dort zeichnete eine Vielzahl von Gegenständen bizarre Schatten vor ihre Füße. An die fünfzig Stück unterschiedlichen und nach einer derben Behandlung mehr oder weniger gut erhaltenen Geflügels schmückten die Wände. Jeder Kopf hatte seine Zunge eingebüßt, die in einer Flasche mit einer giftgrünen Flüssigkeit schwamm. Zärtlich schwenkte Jemima diese Flasche hin und her; sie sah, dass ein knappes Dutzend Zungen kleine, weiße Wurzeln geschlagen hatten. Sie errötete vor Freude. In einer dunklen Ecke des Raums bewegte sich etwas.

»Ja doch«, sagte Jemima laut, »wir werden gleich zu Abend essen. Heute gibt es etwas sehr Leckeres: eine Torte. Den Teig hat die Köchin gemacht, die Fliegen und Wespen habe *ich* gefangen. Ich hoffe, es wird euch allen schmecken.«

Sie zog ein rotes Tischtuch hervor, breitete es auf dem Boden aus und nahm dann aus einer Blechschachtel eine große Torte. Danach trug sie aus einem Winkel einen Käfig herbei, öffnete ihn, und unbeholfen sprang eine riesige Fledermaus auf das Tischtuch. Sie war sehr dick, und sieben kleine Fledermäuse saugten an ihren sieben Zitzen. Sie stieß kurze Freudenschreie aus. Jemima pfiff auf den Fingern, und drei schwarze Kater sprangen durchs Fenster herein. Alle fielen begierig über die Torte her.

»Heute schmecken die Fliegen besonders gut«, sagte Jemima mit vollem Mund. »Ich habe sie selbst mit Zucker, Sahne und schön angefaultem Fleisch gefüttert. Das ergibt einen zugleich fruchtigen und delikaten Geschmack. Dazu werden wir Wein trinken, denn heute ist ein Festtag für uns.«

Den Wein entnahm sie der gleichen Schachtel wie die Torte: »Château des Fines Roches, 1929«. Alle Tiere tranken aus der gleichen Schale wie Jemima. Der Wein schmeckte ihnen vorzüglich. Dann nahm Jemima ein Instrument zur Hand und spielte eine schwermütige, wilde Musik.

»Tanz, Jemima, tanz«, sang sie, »tanz, du schweres, schönes Geschöpf...«

Die Fledermaus hüpfte mit ihren sieben Jungen, die immer noch an ihren Zitzen hingen, auf das Tischtuch. Sie schlug mit den Flügeln und schien vor Freude ganz außer sich zu sein. Die drei Kater sahen ihr regungslos zu; nur ihre Schwänze, die wie Schlangen aussahen, bewegten sich im Takt der Musik. Dann drang die untergehende Sonne durch das Loch in der Wand. Sie bildete einen hellen Kreis auf dem Boden, und plötzlich fiel ein Schatten auf diesen Lichtfleck. War es der Schatten eines Wolfskopfes? Als Jemima sich umwandte, war niemand zu sehen. Fauchend sprangen die Kater durch die Öffnung nach draußen. Kurz danach hörte Jemima die Stimme ihrer Gouvernante, die aus dem Garten nach ihr rief. Tausend Verwünschungen gegen sämtliche alten Drecksweiber von widerwärtigen

Gouvernanten auf Erden und sonstwo murmelnd, kroch sie durch das Loch hinaus. Da sie unter vielen Bäumen hindurchging, in denen sich schon deren nächtliche Gäste rührten – sie würden bald ihre Schlupfwinkel verlassen und die seltsamen Gerüche der Nacht schnuppern –, verfingen sich mit ihren durchscheinenden Flügeln zahlreiche kleine Insekten in ihren Haaren, die sie bis auf die geschuppten Beinchen, die sie ausspuckte, allesamt sofort verzehrte.

»Wo sind Sie gewesen, Jemima?«, fragte die Gouvernante. »Das Abendbrot wartet auf Sie. Los, sagen Sie mir, wo Sie gewesen sind!«

»Nirgendwo«, antwortete Jemima.

Mademoiselle Bleuserbes seufzte.

»Sie ziehen sich jetzt ein anderes Kleid an und waschen sich Hände und Gesicht. Beeilen Sie sich, bitte.« Jemima stieg die Treppe hinauf und trat in den Raum, der seit ihrer Geburt ihr Zimmer war. Hier befanden sich alle ihre Spielsachen sowie ihre Bücher und Kleider. Hier pflegte sie auch ihre Mahlzeiten einzunehmen. Das Abendbrot stand schon auf dem Tisch: eine Tasse Milch, ein paar Kekse und Obst. Verächtlich lächelnd sah sie auf diese Kost herab, goss die Milch in einen Blumentopf und schob das Gebäck beiseite. Dann kleidete sie sich mit großer Sorgfalt an. Mademoiselle Bleuserbes wunderte sich, als sie ihren Schützling so sauber und in einer so gepflegten Toilette sah. Sie gingen hinab in den Salon, wo Ferdinand und Wolf (so nannte ihn Jemima insgeheim) gerade ihren Aperitif tranken. Amélie, Jemimas Mutter, stand ein wenig abseits von den beiden Männern und ordnete einen

Blumenstrauß. Ferdinand gab seiner Tochter einen Kuss und stellte sie »Wolf« vor:

»Das ist meine Tochter. Jemima, ich möchte gern, dass du Monsieur Ambrose Barbary kennenlernst. Er hat mich ersucht, dich heute Abend herunterzubitten, damit du seine Bekanntschaft machst.«

Jemimas Hände waren feucht und zitterten, und ihr Kopf glühte, als sie »Wolf« in seine wilden Augen blickte.

»Monsieur Barbary kann dir sehr interessante Dinge über die wilden Tiere erzählen, die du ja so gern magst. Er hat viel studiert und ist ein sehr gebildeter Mann.«

»Wolf« setzte ein Lächeln auf, das seine spitzen Zähne entblößte.

»Ich habe den Eindruck«, mischte sich Amélie säuerlich lächelnd ein, »Jemima ist noch nicht so weit, dass sie sich mit gebildeten Menschen unterhalten kann. Ich fürchte, Monsieur Barbary wird unsere Tochter sehr unwissend finden.«

Jemima warf ihrer Mutter einen kurzen, hasserfüllten Blick zu, aber diese begutachtete die Wirkung ihrer Blumenvase. »Wolf« brach in ein grimmiges Lachen aus:

»Ich glaube nicht, Madame«, sagte er, »dass Ihre Tochter unwissend ist. Sie hat so strahlende Augen. Komm, kleines Mädchen, trink einen Schluck aus meinem Glas zum Beweis, dass wir Freunde sind.«

Jemima trank und sah dabei triumphierend zu ihrer Mutter hinüber.

»Ich habe ein Geschenk für dich, kleines Mädchen«, fuhr »Wolf« fort. »Aber ich möchte nicht, dass du es jetzt schon anschaust. Öffne das Päckchen erst, wenn du zu Bett gehst. Ich weiß, dass kleine Mädchen gern Geschenke bekommen.«

Er sah Jemima beim Sprechen prüfend an.

»Hier, nimm. Es ist kein großes Geschenk, aber ich glaube, du wirst es schön finden.«

Jemima nahm das Päckchen entgegen und spürte etwas Weiches und doch Festes in ihren Händen. Sie brannte vor Neugierde, was das wohl sein mochte; ein gewöhnliches Geschenk konnte es nicht sein.

»Morgen sagst du mir«, fuhr »Wolf« fort, »ob dir mein Mitbringsel gefallen hat. Wir werden vor dem Frühstück zusammen einen kleinen Spaziergang machen. Du stehst ja schon früh auf, nicht wahr?«

»Um sechs Uhr, Monsieur.«

»Also sagen wir um halb sieben. Ich erwarte dich auf dem Rasen unter der großen Zypresse.«

»Jetzt ist es aber Zeit, dass du schlafen gehst, Jemima«, sagte die Mutter.

Jemima ging in ihr Zimmer hinauf. Als sie allein war, riss sie hastig das Geschenkpapier auf ... und stieß einen halblauten Schrei aus: In ihren Händen hielt sie den Kopf eines Hahns, dessen Augen im Angesicht des Todes erstarrt waren. Es war kein gewöhnlicher Hahn; einen wie diesen hatte sie noch nie gesehen. Er war fünfmal so groß wie jeder andere und außerdem weiß, vollkommen weiß, sogar am Kamm und am Schnabel. Jemima beugte sich vor und küsste ihn dreimal. »Geschöpf aus den Ländern, die ich so gern einmal sehen möchte«, sagte sie, »schönes Geschöpf, einzigartiger

Hahn.« Lange saß sie da und betrachtete den Kopf des toten Tiers in ihren Händen. Es war beinahe Mitternacht, als sie zu Bett ging, wo sie den Kopf des Hahns fest an ihr Herz drückte. Die ganze Nacht hatte sie Albträume, durch die »Wolfs« Gesicht geisterte, zu dem nun ein langer, grauer und sehr behaarter Körper gehörte. Mal war er ein Wolf, mal ein Fuchs oder irgendein anderes Tier, und manchmal hatte er, mit seinem eigenen verquickt, die Körper aller Tiere zugleich.

Gegen vier Uhr sprang Jemima aus dem Bett und stürzte ans Fenster. Noch schwamm der Mond am Himmel. Sie erkannte einen Schatten, der im Garten hin und her huschte. Trotz seiner Verwandlungen in eine Pflanze, einen Vogel, ein Tier und einen Menschen erkannte sie ihn. Geräuschlos schlich sie sich, den Hahnenkopf unter ihrem Nachthemd verborgen, in den Garten hinab. Sie folgte dem Schatten, ohne selbst von ihm gesehen zu werden, und achtete auch sorgfältig darauf, dass sie nicht gerochen werden konnte. Sie wusste, dass es »Wolf« war, dem sie da nachstellte, vermochte seinen Körper aber nicht als klar umrissene Gestalt zu erkennen. Wenn er im Mondlicht auftauchte, sah sie einen Menschen vor sich. Er lief ziellos umher; ab und zu bückte er sich und pflückte irgendeine Pflanze, die er sofort aufaß. Dann blieb er plötzlich stehen, und Jemima sah, wie die Pflanzen um ihn herum sich zu bewegen begannen wie lebendige Arme. Er unterhielt sich mit ihnen, und sie antworteten ihm mit Gebärden. Jemima seufzte auf, und schon hatte »Wolf« sie entdeckt. Wortlos sahen sie sich an.

»Hat dich die Neugierde hierher getrieben?«, fragte er schließlich.

»Ich hatte Lust, mit dir zusammen zu sein. Da bin ich dir nachgegangen. Du bist so schön!« »Wolf« trat näher an sie heran und berührte ihre Haare.

»Hart wie Brombeergestrüpp«, murmelte er. »Du hast Krallen in deinen Haaren versteckt.«

»Dornen und Krallen«, erwiderte Jemima mit tonloser Stimme.

»Hast du bemerkt, dass mir Schatten gefolgt sind?«

»Sie sind fort.«

»Es sind Schatten, die gefährlich sind für uns. Für dich …«

»Davon verstehe ich nichts. Sag mir, was hast du da vorhin gegessen?«

»Pflanzen. Wenn ich genug davon esse, werde ich eine grüne Haut bekommen. Dann werde ich noch schöner aussehen, und du wirst dich auf mich stürzen.«

Jemima berührte mit den Fingerspitzen sein Gesicht; seine Haut war sehr glatt. Ihr schien, als veränderte sich während ihres Gesprächs seine Gesichtsfarbe. Dann ging plötzlich, gelb wie das Auge eines Tigers, die Sonne auf. Die Nachttiere schüttelten sich in dem neuen Licht und kehrten in ihre Schlupfwinkel zurück. Jemima sah sich staunend um. Alles verwandelte sich binnen weniger Sekunden, und auf einmal war sie allein. Das letzte Bild, das sie von »Wolf« erhaschte, war kurz wie ein Peitschenhieb. Sie war sicher, dass ihn ein Fell bedeckt hatte, das die vielfältigen Farben des Himmels reflektierte. Er war so schnell im grünen Laubwerk verschwunden, dass sie gesehen zu haben glaubte, dass

Blätter durch seinen Körper hindurchschimmerten, ehe er sich selbst in eine Pflanze verwandelt hatte.

Sie weinte vor Verzweiflung. Dann bemerkte sie, dass sie nur ein Nachthemd anhatte, das so zerdrückt war, dass es kaum ihre Blöße bedeckte. Ihre Füße waren nackt und mit Erde beschmiert. Nie zuvor hatte sie ein so schmerzliches Gefühl von Einsamkeit verspürt, und die Tränen, die ihr in die Mundwinkel liefen, schmeckten bitter wie giftige Pflanzen. Sie wischte sich mit den Haaren das Gesicht ab und ging ins Haus zurück. Dort wusch sie sich die Füße, um die Spuren ihres sonderbaren Ausflugs zu beseitigen. Aber diese Füße hatten sich verändert! Jemima bückte sich, um genauer hinzusehen und sich von der Verwandlung zu überzeugen, die da stattgefunden hatte. Zwischen ihren Zehen hatte sich ein zartes, flauschiges Fell gebildet, das in winzigen, kaum erkennbaren Härchen auf dem Fußspann endete. Mit offenem Mund und leuchtenden Augen starrte sie auf ihre Füße und murmelte: »Ich bin vom gleichen Blut! Sollte ich also auch so schön sein wie er? Ich muss dieses wundervolle Fell gut pflegen, damit es noch besser wächst. Was für eine wunderbare Veränderung werde ich in ein paar Tagen erleben!« Lange lachte und weinte sie leise vor sich hin, ohne dabei ihre Füße aus den Augen zu lassen.

Den ganzen Tag lang brannte die Sonne auf den Garten. Jemima blieb in ihrem Zimmer. Sie verbarg ihre drei Schätze, die beiden Füße und den Hahnenkopf, vor neugierigen Blicken. Von Zeit zu Zeit kam ihre Gouvernante herein, aber das Mädchen reagierte nicht auf ihre Bemühungen, ein Gespräch anzuknüpfen.

Mademoiselle Bleuserbes war über diese neue Laune sehr beunruhigt. Sie brannte vor Neugierde, was sie veranlasste, immer neue Versuche zu unternehmen, ihren Zögling zum Sprechen zu bringen.

»Sind Sie krank?«, fragte sie. »Warum schauen Sie ständig aus dem Fenster? Könnten Sie nicht genauso gut hinausgehen und im Garten spielen? Antworten Sie mir jetzt, Jemima. Sind Sie krank?«

Aber das Mädchen schwieg verächtlich.

»Wenn Sie nicht die Höflichkeit besitzen, mir zu antworten, wenn ich Sie etwas frage, bekommen Sie zum Vesperbrot keine Marmelade.«

Jemima lachte laut auf. Wutentbrannt lief die Gouvernante aus dem Zimmer.

Jemima setzte ihr langes Warten am Fenster fort und sah hinaus, ob sie in der Ferne nicht einen Wolf entdeckte. Bei jedem Schatten, der sich im Garten bewegte, zuckte sie zusammen. Sie hoffte inbrünstig, sein Gesicht zu sehen, und wäre es nur von Weitem.

Als die Sonne unterging, war sie der Verzweiflung nahe. Sie ging hinab in den Garten und irrte richtungslos umher; dann ging sie um das Haus herum, sah zu allen Fenstern hinauf und fragte die Bäume und Steine: »Wo ist er? Wo ist er?« Schließlich lief sie in den nahen Wald, da sie hoffte, ihn dort zu finden. Das Brombeerdickicht zerkratzte ihr die Beine, aber sie merkte es nicht. Als erneut die Nacht hereinbrach, kehrte sie zum Haus zurück, wo ihr ein Dienstmädchen begegnete, das beim Anblick ihres blutverschmierten Gesichts und ihres verstörten Blicks einen Schrei ausstieß.

»Wo ist er, der Herr, der gestern hier übernachtet hat?«, rief Jemima mit rauer Stimme. »Sagen Sie's mir schnell, ich muss es wissen.«

Das Dienstmädchen schüttelte den Kopf.

»Glauben Sie mir, Mademoiselle, ich weiß es nicht…« Sie wollte davonlaufen, aber Jemima packte sie am Arm und drückte ihr dabei so heftig ihre Fingernägel ins Fleisch, dass das Mädchen vor Schmerz aufschrie.

»Vorhin ist jemand weggefahren … ein großer, grauhaariger Mann. So lassen Sie mich doch los, Sie tun mir weh.« Jemimas Gesicht glich plötzlich einem Totenkopf.

»Weggefahren? Weggefahren?«

»Ja, mitsamt seinem Gepäck. Aber nun lassen Sie mich endlich gehen.«

Jemima sah sie gar nicht mehr, sie war völlig teilnahmslos. Sie fühlte nur noch das Blut, das ihr vom Mund herabfloss. Sie war allein. Undurchdringliche schwarze Schatten schwammen vor ihren Augen umher und verloren sich auf der Landstraße, die hinauf in die Berge führte. Als sie sich umdrehte und zum Haus hinüberblickte, sah sie ihre Mutter, die in Unterwäsche an einem der Fenster saß und sich kämmte. Angewidert betrachtete sie ihren Körper, der weich und formlos war wie eine quallige Wolke. »Du Kuh!«, flüsterte sie. »Was bist du für eine Kuh!« Sie seufzte und begann, von Baum zu Baum zu gehen, als sie plötzlich von einem so eisigen Windhauch getroffen wurde, dass sie vor Schmerz aufschluchzte. Im gleichen Augenblick hörte sie hinter sich eilige Schritte, und mit einem

Schrei, der wie die Stimme des Windes klang, rannte ein Wolf an ihr vorbei. ›Das ist der richtige Weg‹, dachte sie und kämpfte sich durch die Wand des Windes, der ihr Haar weit hinter ihr her wehen ließ. Weiter bergan schneite es, als erbrächen sich die Wolken, und Jemima weinte Eistränen. Sie befand sich nun in einem Wald, dessen Bäume gewaltiger emporragten als Kathedralen. Die Wolken, die durch das Geäst dieser Baumriesen trieben, ballten sich zu dichten schwarzen Massen. Es war so schneidend kalt, dass die Vögel wie Steine tot vom Himmel fielen. Sogar das Felsgestein platzte auf und blutete in Kaskaden von Eis. Jemima grub die Hände in ihre Haare und stellte fest, dass diese hart geworden waren wie Holz und zusammen ein kleines, knirschendes Geräusch verursachten, das wie die Musik eines primitiven Instruments klang. Mehrere Tiere kreuzten ihren Weg, zeigten sich aber völlig desinteressiert und furchtlos. Sie waren so mager, dass Jemima hörte, wie ihre Knochen sich knirschend aneinanderrieben.

Sie beschloss, auf einen Baum zu klettern, um sich umsehen zu können. Als sie die atemberaubend hohen Äste erklommen hatte, bot sich ihr tatsächlich ein weiter Ausblick. Unter ihr erstreckte sich kilometerweit Wald, und dazwischen ragte ein riesiges Schloss auf. Es erhob sich mit seinen Türmen noch über die mächtigsten Bäume hinaus, und es hatte den Anschein, als hätte man es auf einem Berg errichtet. Jemima blickte lange umher, bis sie ganz plötzlich eine kleine Hand neben der ihrigen bemerkte. Sie erschrak furchtbar und wagte nicht, sich zu rühren. Da lachte jemand unmittelbar hinter ihr, und sie wusste, dass dieses Lachen von derselben Person stammte, zu der auch die Hand gehörte. Zitternd drehte sie sich langsam um: Vor ihr stand ein kleiner Junge oder ein kleines Mädchen – unmöglich zu sagen, welchen Geschlechts dieses bleiche, schmächtige, aber sehr ausgelassene Wesen war. ›Sie muss verrückt sein, so wie sie mich ansieht‹, dachte Jemima, und die Angst schnürte ihr die Kehle zu.

»Das Schloss gehört meinem Papa«, sagte die Kleine. »Ich bin Mimoo, sein lieber kleiner Junge, und ich erlaube dir, das Schloss meines Papas anzusehen.«

»Was, du bist ein Junge?«, entfuhr es Jemima, die ein wenig zurückzuweichen versuchte, denn dem Körper des Kleinen entströmte ein ebenso unangenehmer wie merkwürdiger Geruch, der sie vor Angst und Ekel erzittern ließ.

»Wie du willst, denn ich sehe, dass du nicht sehr gescheit bist. Aber das macht nichts. Gesellschaft und Klugheit gleichzeitig, das wäre ja auch zu viel verlangt. Wie alt bist du?«

»Dreizehn. Und du?«

Der kleine Junge brach in ein schallendes Lachen aus, das aber rasch in einem heftigen Hustenanfall unterging.

»Dreizehn?«, rief er schließlich. »Dreizehn? Dann bist du ja eine Riesin! Deswegen bist du so dumm. Es ist ja bekannt, dass Riesinnen alle sehr dumm sind … *Ich* werde heute zwanzig. Du darfst mir einen Kuss geben …«

»Ich hab keine Lust.« Mimoo schob sein Gesicht näher an das ihrige.

»Das ist ein Fehler. Findest du nicht, dass ich schön bin?«

Jemima sah in sein Mädchengesicht und fand es hübsch, aber zugleich auch derart abstoßend, dass sie am liebsten von dem Baum, auf dem sie saß, in die fernen Schatten weit unter ihr gesprungen wäre.

»Vielleicht ja, vielleicht nein. Aber ich will nicht, dass du mich anfasst.«

»Mama und ich wirken sehr jung, wir sind stolz auf unsere zarte Schönheit. Papa ist nicht wie wir, er ist hässlich wie alle, die hier leben. Er ist so hässlich wie du, hässlich wie ein Tier. Wir, das heißt meine Mutter und ich, sind wie Engel. Ich bin sehr froh, dass ich nicht wie mein Vater aussehe.«

Jemima krampfte die Hände über ihrer Brust zusammen, in der ihr Herz pochte wie das eines zu Tode erschrockenen Tiers.

»Wie ist er denn, dein Papa?«, fragte sie. »Sag's mir schnell, oder ich stoße dich hinunter in den Wald!«

Mimoo sah sie ein wenig verwundert an.

»Bist du aber grob! … Aber man muss den niederen Tieren gegenüber nachsichtig sein. Nun, mein Papa ist ganz einfach wie alle Tiere, weiter nichts. Ein Fuchs, ein Wolf, ein Kater, ein Adler, ein Hirsch, ein Pferd, ein Hahn … Ach, du ödest mich an!«

»Nimm mich mit ins Schloss deines Vaters. Mir ist sehr kalt, und ich habe seit gestern nichts gegessen.«

»Da oben wird's dir noch kälter werden, und außerdem ist es hier lustiger.«

»Ich möchte zum Schloss deines Vaters, und wenn du nicht mitkommen willst, bringe ich dich zuerst um

und mache mich dann allein auf den Weg.« Mimoo lachte leise.

»Sag mir, wie du heißt, und versprich mir, die Spiele mit mir zu spielen, die ich möchte; dann gehe ich mit dir hinauf.«

»Ich heiße Jemima«, antwortete sie ungeduldig, »und ich verspreche es dir. Jetzt aber schnell, sonst erfriere ich noch.«

Sie kletterten von dem Baum, und Jemima glaubte, in eine Höhle mitten in der Erde hinabzusteigen. Am Fuß des Baums lehnte ein Fahrrad von der Art der ersten Holzfahrräder, also mit einem riesigen Vorder- und einem winzigen Hinterrad. Sie bemerkte nun, dass Mimoo nur ein leichtes Nachthemd trug und dass er barfuß war. Er sprang auf sein Rad, griff nach Jemimas Hand und zog sie hinter sich her. Das Fahrrad hüpfte von einer Seite zur anderen und kam nur langsam voran. Der Wald war in einer Totenstille erstarrt. Seit sie sich in Gesellschaft Mimoos befand, erblickte Jemima kein einziges lebendiges Wesen mehr, außer einer Hyäne, die hinter ihnen her trottete und fortwährend in die Luft schnupperte. Jemima schien es, als blickte sich Mimoo ängstlich nach dem Tier um.

»Hast du Angst vor der Hyäne?«, fragte sie ihn. »Warum siehst du dich dauernd mit so großen Augen um?«

»Wenn ich schliefe, würde sie mich fressen, deshalb läuft sie uns nach«, erwiderte er und lachte kurz. »Ich

Casting the runes, 1951, Öl und Tempera und Blattgold auf Sperrholz, 77,5 x 44,5 cm, Privatsammlung bin nicht versessen darauf, dass sie mich in ihrem widerlichen Bauch verschwinden lässt.«

»Aber Hyänen fressen doch nur verfaultes Fleisch«, wandte Jemima ein.

»Du bist wirklich eine dumme Gans«, rief Mimoo. »Dumme Gans, dumme Gans«, begann er zu singen. »Sie ist blöde und blind, die Ärmste.« Vor Lachen wäre er fast von seinem Rad gefallen.

›Sein Geruch … das ist doch … Er riecht nach Fleisch, nach verfaultem Fleisch!‹, schoss es ihr durch den Kopf, aber sie beschloss, sich nichts anmerken zu lassen.

Je mehr sie sich dem Schloss näherten, desto eisiger wurde die Kälte. Mimoo schien das gar nicht zu bemerken. Auf seinem Gesichtchen, das so bleich war wie der Schnee, lag ein Ausdruck von Ruhe. Große Lampen beleuchteten die Brücke, die über den Schlossgraben führte. Jemima, die Mimoos lange, lockige Haare für blond gehalten hatte, sah nun, dass sie weiß und schütter waren wie die einer alten Frau. Diffus wie Zigarettenrauch wehten sie um sein Gesicht. Im Licht der Lampen sah sie dann auch seine Hände. Es waren die schrumpeligen Hände eines Affen, mit Fingernägeln, die so abgekaut waren, dass davon nur noch kleine, kaum aus dem weißen, vertrockneten Fleisch hervorschauende Stümpfe übrig waren. Sie fand diese Hände äußerst abstoßend.

Durch ein hohes, breites Tor gelangten sie in den Schlosshof und betraten dann das Schloss selbst. Hier rührte sich nichts, und weit und breit war kein lebendiges Wesen zu sehen. Alles schien tot, und selbst die

Möbel wirkten wie vertrocknete Mumien. Jemima berührte einen Stuhl, und entsetzt sah sie zu, wie er vor ihr zu Staub zerfiel. Sie blieb stehen, die Hände am Hals, um einen Schrei zu unterdrücken. Sie fürchtete, vor Entsetzen den Verstand zu verlieren. Mimoo sah sie interessiert an, und der Anflug eines Lächelns trat auf seine Lippen.

»Jetzt gehen wir in den Garten spielen«, sagte er. »Denk daran, dass du es mir versprochen hast.«

Der Garten lag inmitten des Schlosses; ein großer Rabe hämmerte dort mit dem Schnabel auf den Boden. Als Jemima nähertrat, entdeckte sie einen flachen Stein mit der Inschrift: *»Unserem geliebten kleinen Mimoo, gestorben am 10. Juni 1900.«*

Mit einem Wutschrei drehte sie sich nach dem Jungen um.

»Du Leiche! Du widerliche Leiche!«, schrie sie ihn an.

Jetzt war ihr alles klar. Der Rabe flatterte mit hungrigem Krächzen um Mimoos Kopf. Jemima lief zurück ins Innere des riesigen Schlosses, und schon bald verirrte sie sich in einem Labyrinth von Zimmern, die wie überdimensionale Särge aussahen. Alle diese Räume waren leer, und sie reihten sich, eine lähmende Kälte verbreitend, endlos aneinander. Schließlich sank sie erschöpft auf einen riesigen Stein, auf dem sie die in gotischen Lettern tief eingemeißelten Worte las:

*»Hier ruhen Ambrose Barbary und seine Gemahlin Lucia. Wolf, teurer Herr, kreuze nicht zu oft die Wege der Lebenden.«*

*ca. 1938*

## Alle Vögel fliegen hoch

»Da kommt jemand den Weg zu meinem Haus herauf, jemand, der mir seltsam vorkommt, obwohl ich ihn nur von Weitem sehe.«

Ich beugte mich über die Brüstung meines Balkons und sah die Person, die in höchster Eile näher kam, rasch größer werden. Ich dachte, es sei eine Frau, denn die langen, glatten Haare der Gestalt fielen bis auf die Mähne des Pferdes herab, das sie ritt. Dieses Pferd war ein stämmiges Tier mit breitem, kräftigem Knochenbau und hatte jene eigenartige dunkelrosa, ins Violette spielende Farbe, wie man sie von reifen Pflaumen kennt. In England nennt man diesen Farbton *roan*. Das Pferd ist das einzige Tier, das diese lila Schattierung besitzt.

Die heranreitende Person war ziemlich schlampig gekleidet, ihr Gewand erinnerte mich an das Fell der Bergschafe. Dabei waren die Farben vielfältig, ja beinahe königlich, und zwischen den im Winde wehenden Wollsträhnen schaute ein goldfarbenes Hemd hervor. Zwar erwies sich dieses Hemd aus der Nähe betrachtet als löchrig und auch ein wenig schmutzig, aber die Wirkung war beeindruckend.

Die Person kam unter meinem Balkon zum Stehen und schaute zwischen ihren Haaren hindurch zu mir herauf:

»Ein Brief«, sagte sie, »der sofort beantwortet werden muss.«

Die Stimme war die eines Mannes, und ich fragte mich verwirrt, ob ich Männlein oder Weiblein vor mir hatte.

»Wer sind Sie?«, erkundigte ich mich vorsichtig.

»Ferdinand, reitender Bote von Célestin des Airlines-Drues.«

Die Stimme war, obwohl sie sehr sanft klang, eindeutig die eines Mannes; ein mit Vanille- und Schweißgeruch vermischter Duft von Heliotrop stieg mir in die Nase. Ich beugte mich zu dem Boten herab, nahm ihm den Brief aus der Hand und benutzte die Gelegenheit, um ihm in das halb von Haaren verdeckte Gesicht zu sehen. Es war sehr weiß, und die Lippen waren violettrot geschminkt. Das Pferd schüttelte seinen feisten Hals.

Der Brief lautete wie folgt:

»Madame,

erweisen Sie mir bitte die Freundlichkeit, die große Freundlichkeit, Madame, mir in meinem tiefen Schmerz hilfreich zur Seite zu stehen. Sie werden dabei etwas für Sie sehr Vorteilhaftes lernen.

Vertrauen Sie Ihre geschätzte Person mitsamt Ihren Leinwänden, Ihren Pinseln und allem, was Sie sonst noch für Ihre künstlerische Arbeit brauchen, meinem reitenden Boten an.

Ich bitte Sie, Mademoiselle, Sie meiner schmerzbewegten Hochachtung versichern zu dürfen.

Célestin des Airlines-Drues«

Das Briefpapier verströmte einen starken Heliotropenduft; es war mit mehreren goldenen Kronen verziert, die von Federn, Schwertern und Ölbaumzweigen durchstoßen wurden.

Ich beschloss, Ferdinand zu seinem Herrn zu begleiten, denn die in dem Brief enthaltenen Verheißungen reizten mich, obwohl ich von einem Célestin des Airlines-Drues noch nie etwas gehört hatte.

Bald saß ich hinter Ferdinand auf der breiten Kruppe seines Pferdes. Mein Reisegepäck war am Sattel festgeschnallt.

Wir ritten auf der nach Westen führenden Landstraße, die durch unberührtes, von ausgedehnten dunklen Wäldern bedecktes Land verläuft.

Es war Frühling. Vom tiefhängenden grauen Himmel fielen lauwarme Tropfen auf das satte Grün der Bäume und Felder. Ab und zu schlummerte ich ein wenig ein, und mehrmals wäre ich beinahe vom Pferd gefallen, aber ich hielt mich am wollenen Gewand Ferdinands fest. Der kümmerte sich überhaupt nicht um mich; er dachte an andere Dinge und sang »Die Seufzer der sterbenden Rose«:

*Die Blütenblätter welken kalt an meinem Herzen*
*Selbst heiße Tränen, Ausfluss meiner Schmerzen,*
*Wärmen nicht mehr den Samt*
*Der zarten Haut meiner Rose*
*ACH MEINER ROSE…*

Die letzten Worte des Liedes ließen mich wieder hellwach werden, denn sie wurden mir mit entsetzlicher Wildheit ins linke Ohr geschrien.

»Idiot!«, rief ich wütend.

Ferdinand lachte nur leise. Das Pferd war stehen geblieben. Wir befanden uns in einem ungeheuer weitläufigen Hof, mehrere hundert Meter von einem großen Haus entfernt. Dieses aus düsteren Steinquadern erbaute, sehr ausladende Gebäude bot einen so trübseligen Anblick, dass mich ein heftiges Verlangen ergriff, wieder heimzureisen. Sämtliche Jalousien an den Fenstern waren heruntergelassen, aus den Schornsteinen stieg nicht der kleinste Rauchfaden empor, und Raben hockten hier und da auf dem Dach.

Der Hof lag genauso öde da wie das Haus.

Ich hatte den Eindruck, als befände sich jenseits des Gebäudes ein Garten, denn ich sah Bäume und ein großes schmiedeeisernes Tor, durch das bleich der Himmel schimmerte. Es war ein merkwürdiges Tor, denn sein Gitterwerk stellte einen riesigen, in einem Kreis sitzenden Engel dar, der den Kopf in den Nacken warf und dessen im Profil gezeigtes Gesicht Angst verriet. Vom rechten oberen Rand des Kreises rollte eine kleine Welle, ebenfalls aus Eisen geschmiedet, auf das Gesicht des Engels zu.

»Wo sind wir?«, fragte ich. »Sind wir am Ziel?«

»Wir sind auf Airlines-Drues«, erwiderte Ferdinand nach einer Weile. Dabei drehte er sich nicht zu mir um, sondern blickte starr zu dem Haus hinüber. Ich hatte das Gefühl, als wartete er auf jemanden oder etwas. Er rührte sich nicht von der Stelle. Auch das Pferd stand ganz ruhig da und schaute geradeaus.

Mit einem Mal begannen Glocken zu läuten; ich habe noch nie ein derartiges Geläut gehört. Es war ein tiefes, durchdringendes Dröhnen wie von einer Kupferscheibe, die mit einem Knochen angeschlagen wird; der Nachhall wogte rings um uns her und schwappte wie eine metallische Flüssigkeit in die Bäume. Die Raben auf dem Dach flogen verstört davon.

Ich wollte meinem Reisebegleiter gerade einige Fragen stellen, als plötzlich mit schattenartiger Geschwindigkeit ein von vier Rappen gezogener Wagen an uns vorbeiraste. Er hielt vor dem großen Tor, und ich stellte fest, dass es ein mit Schnitzereien und Blumen prachtvoll geschmückter Leichenwagen war. Die Pferde waren von der gleichen Rasse wie das meines Boten: rundlich, glatt und schwarz wie Muskatellertrauben.

Dann öffnete sich die Tür des Hauses, und vier Männer traten heraus, die einen Sarg trugen.

Ferdinands Pferd begann zu wiehern, und die vier Rappen antworteten ihm, wobei sie uns ihre Köpfe zuwandten.

Die Sargträger waren gekleidet wie Ferdinand, mit dem einzigen Unterschied, dass ihre flatternden Gewänder sehr dunkelfarbig waren: purpurn, schwarz und karmesinrot. Ihre Gesichter hingegen waren sehr weiß und genauso geschminkt wie dasjenige Ferdinands. Alle vier hatten dichtes, langes, ungekämmtes Haar, so als trügen sie Perücken aus einem längst vergangenen Zeitalter, die lange auf dem Dachboden gelegen haben.

Ich hatte kaum Zeit gefunden, das alles in mich aufzunehmen, als Ferdinand seinem Pferd plötzlich die Peitsche gab und wir mit rasender Geschwindigkeit,

Erde und Steine hinter uns hochschleudernd, eine breite Allee entlanggaloppierten.

Dieser Ritt ging mit einem solchen Tempo vonstatten, dass ich keine Gelegenheit fand, mich umzuschauen. Immerhin hatte ich das Gefühl, dass wir durch einen Wald ritten. Und tatsächlich war es eine von Bäumen gesäumte Lichtung, auf der Ferdinand sein Pferd zum Stehen brachte. Der Boden war mit allerlei Moosen und Wildblumen bedeckt. Ein paar Schritte von uns entfernt stand ein mit grünem und malvenfarbenem Samt drapierter Lehnsessel.

»Steigen Sie nur ab, Mademoiselle«, sagte Ferdinand. »Machen Sie sich's mit Ihrer Staffelei im Schatten bequem. Sind Sie durstig?«

Ich sagte, es würde mich freuen, wenn ich etwas zu trinken bekommen könnte, und ließ mich vom Rücken des Pferdes gleiten. Ferdinand reichte mir eine kleine Flasche, die eine überaus süße Flüssigkeit enthielt.

»Sie werden gleich kommen«, fuhr Ferdinand fort und blickte in die Finsternis des Waldes. »Die Sonne wird bald untergegangen sein. Stellen Sie Ihre Staffelei auf, Mademoiselle, Sie werden das Porträt hier an dieser Stelle malen.«

Während ich meine Vorbereitungen traf, sattelte und zäumte Ferdinand sein Pferd ab und streckte sich dann auf dem Boden aus; das Pferd ließ sich neben ihm nieder.

Der Himmel wurde rot, gelb und malvenfarben, und die Dämmerung brach herein. Es begann zu regnen, und dicke Tropfen fielen auf mich und die Leinwand.

»Da kommen sie!«, rief Ferdinand plötzlich.

Wenig später war die Lichtung voller Menschen. Sie waren alle vermummt und glichen mehr oder minder den Männern mit dem Sarg. Sie bildeten einen ziemlich weiten Kreis um mich und den Lehnsessel. Sie flüsterten miteinander, und ab und zu gab einer von ihnen ein schrilles Lachen von sich. Es mochten insgesamt etwa vierzig Personen sein.

Kurz danach hörte ich, wie jenseits des Kreises eine helle, laute Stimme sagte:

»So, Gustave ... Nein, aber nicht doch, mein Freund, nach links ...«

»Wer hätte gedacht, dass sie so schwer ist!«, entgegnete eine andere Stimme leiser. »Dabei war sie doch gar nicht fett.«

Ich schaute mich um und hatte deutlich den Eindruck, von einer Herde merkwürdiger, für irgendeinen düsteren nordischen Ritus gekleideter Schafe umgeben zu sein. Das Gelächter ähnelte auf seltsame Weise dem Blöken von Schafen.

Der Kreis öffnete sich an einer Stelle, und dort erschienen nun die vier Männer, die ich bereits gesehen hatte, und trugen rückwärts gehend den Sarg herein.

Ihnen folgte eine hochgewachsene, schlanke Gestalt, die mit heller Stimme befahl:

»Stellt ihn neben den Sessel. Sind die Tücher schon mit Parfum besprüht?«

»Jawohl, Monsieur des Airlines-Drues, genau wie Sie es befohlen haben.«

Interessiert sah ich mir diesen Herrn etwas genauer an. Sein Gesicht war nicht zu sehen, aber eine sehr weiße Hand fuhr wie ein Elefantenrüssel rings um ihn her durch die Luft. Auf dem Kopf trug er eine riesengroße schwarze Perücke, deren lange, glatte Haarsträhnen ihm bis zu den Füßen reichten.

»Die Künstlerin«, fragte er, »ist sie da?«

»Jawohl, Monsieur des Airlines-Drues, sie ist anwesend.«

»Ach ja, ich sehe sie. Mademoiselle, es ist überaus liebenswürdig von Ihnen, dass Sie uns diese Ehre erweisen! Seien Sie willkommen …«

Er kam auf mich zu und schob die Zotteln beiseite, die vor seinem Gesicht hingen. Wahrhaftig, er hatte die Physiognomie eines Schafes, die aber mit weißer, zarter Haut überzogen war. Die sehr schmalen Lippen waren schwarz und feucht … und seltsam beweglich. Mit einem gewissen Widerwillen drückte ich ihm die Hand, denn sie war glatt, viel zu glatt.

»Ich bewundere Ihre Werke sehr«, säuselte Monsieur des Airlines-Drues. »Glauben Sie, dass Sie eine ganz exakte Ähnlichkeit werden erzielen können?« Er deutete mit einer Handbewegung auf den Sarg, den man inzwischen geöffnet hatte.

Zwei Männer hoben aus ihm den Leichnam einer jungen Frau hervor. Mit der üppigen Fülle ihres seidenweichen schwarzen Haars sah sie sehr schön aus, aber ihre Haut schimmerte bereits phosphoreszierend und irgendwie malvenfarben. Ein ziemlich unangenehmer Geruch wehte mich an. Als Monsieur des Airlines-Drues bemerkte, dass ich ein wenig meine Nasenflügel zusammenkniff, lächelte er mich charmant entschuldigend an.

»Es ist ja so schwer«, sagte er, »sich von den sterblichen Überresten derer zu trennen, die man geliebt hat … heiß und innig geliebt! Ich war sicher, dass Sie mir diesbezüglich Ihre Sympathie nicht versagen würden … Meine Frau ist seit vierzehn Tagen tot, und bei dem schwülen, feuchten Wetter, das wir im Augenblick haben …«

Das Ende des Satzes schrieb er mit einer seiner schönen Hände als Arabeske in die Luft.

»Nun ja, mein hochverehrtes Fräulein, ich muss Sie um Nachsicht bitten. So, jetzt überlasse ich Sie aber Ihrer Kunst.«

Ich nahm meine Tuben zur Hand, drückte Farben auf meine Palette und fing an, das Porträt von Madame des Airlines-Drues zu malen.

Die Schafsmenschen begannen, rings um mich her »Alle Vögel fliegen hoch« zu spielen: »Alle Vögel fliegen hoch; alle Schafe fliegen hoch; ALLE ENGEL FLIEGEN HOCH …«

Die Dämmerung wollte kein Ende nehmen. Obwohl die Nacht unmittelbar bevorzustehen schien, wurde es nicht dunkel, und die fade Helligkeit auf der Waldlichtung blieb gerade stark genug, dass ich meine Arbeit fortsetzen konnte. Erst später merkte ich, dass das in diesen Kreis von Bäumen eingesperrte Licht von nichts anderem ausging als von der Leiche Madame des Airlines-Drues'. Der Wald lag in tiefer Dunkelheit. Ich war ganz in meine Arbeit vertieft und bemerkte nicht, dass ich offenbar schon ziemlich lange mit der Toten allein war.

Mit dem Porträt war ich zufrieden, und ich trat ein

The Flying Ur Jar, 1953, Öl auf Leinwand, 64,8 x 45,7 cm, Privatsammlung

paar Schritte zurück, um mir das Bild als Ganzes anzusehen. Ich zuckte zusammen: Das Gesicht auf der Leinwand war *mein* Gesicht!

Ich traute meinen Augen nicht; und doch konnte ich, fieberhaft das Modell mit dem Gemälde vergleichend, die Tatsache nicht leugnen. Je länger ich den Leichnam betrachtete, desto frappierender wurde die Ähnlichkeit mit diesen bleichen Gesichtszügen. Auf der Leinwand war das Gesicht unbestreitbar das meinige.

»Die Ähnlichkeit ist außerordentlich. Ich gratuliere, Mademoiselle …«

Es war die Stimme von Monsieur des Airlines-Drues, der mich über meine linke Schulter hinweg ansprach.

»Es ist genau Mittag, aber in dem Wald bemerkt man die Sonne gar nicht. Außerdem ist die Kunst eine Zauberei, die die Stunden, ja sogar die Tage zu Sekunden schrumpfen lässt … nicht wahr, Mademoiselle? Glauben Sie, dass es möglich sein wird, dieses Bildnis auch ohne Modell zu beenden? Verstehen Sie bitte, meine arme Frau ist seit einundzwanzig Tagen tot. Sie muss sich sehr nach ihrer wohlverdienten Ruhe sehnen! … Es geschieht nicht allzu oft, dass man drei Wochen nach seinem Tod noch arbeitet …«

Er brach, um seinen Scherz zu würzen, in ein kurzes Lachen aus.

»Ich kann Ihnen ein hübsches, gut beleuchtetes Gemach auf Airlines-Drues anbieten. Erlauben Sie, Mademoiselle, dass ich Sie in meinem Wagen mitnehme.«

Ich folgte der überdimensionalen wandelnden Perücke wie eine Schlafwandlerin.

Das Atelier war ein großer Raum mit einem geräumigen Hängeboden im rückwärtigen Teil. Es war einmal ein sehr feudales Zimmer gewesen, jetzt aber waren die Draperien aus bestickter Seide zerfetzt und staubig; die kunstvoll gedrechselten Möbel waren stark beschädigt, an manchen Stellen war schon die Vergoldung abgeblättert. Hier und dort standen, wie die Gerippe anderer Dinge, verschiedene Staffeleien in Gestalt von Schwänen oder Sirenen herum. Die Spinnen hatten Netze zwischen ihnen gespannt, was dem Zimmer ein irgendwie erstarrtes Aussehen verlieh.

»Das ist das ehemalige Atelier von Madame des Airlines-Drues; hier ist sie auch gestorben.«

Ich habe in ihrem Schrank gestöbert. Eine Unmenge von Kleidungsstücken, Perücken und abgetragenen Schuhen türmte sich dort in heillosem Durcheinander. Alle diese Dinge sahen aus, als habe man sie zum Verkleiden benutzt; einige erinnerten sogar an Zirkuskostüme.

»Sie muss sich hier ganz allein mit Verkleidungsspielen vergnügt haben. Man sagt, Madame habe sehr das Theater geliebt.«

Ein in grünen Samt gebundenes Tagebuch war nicht die uninteressanteste Entdeckung, die ich machte. Auf der Titelseite stand ihr Name, in sorgfältiger, aber eigentümlich kindlicher Schrift auf das Papier gemalt: »Agathe des Airlines-Drues. Es wird darum gebeten, die Intimität dieses Buches zu wahren, denn sein Inhalt ist für keine anderen Augen bestimmt als diejenigen Elénors. Agathe des Airlines-Drues.«

Ich begann zu lesen:

*Liebe Elénor, wie Du weinen wirst, wenn Du dieses Büchlein liest; ich tränke es eigens für Dich mit Patschuliduft, damit Du Dich besser an mich erinnerst. Düfte und Gerüche sind ja die stärksten Gedächtnisstützen. Wie Du weinen wirst! Aber ich freue mich darüber: Ich möchte, dass Du viel weinst.*

*Heute ist mein Geburtstag, Deiner übrigens auch. Wie amüsant, dass wir genau gleichaltrig sind! Ich möchte Dich so gern sehen, doch weil mir das verwehrt ist, erzähle ich Dir alles auf diesem Papier … alles! (Mein Gott, wenn Célestin mich hörte!) Natürlich ist die Ehe an sich schon etwas Grässliches, aber meine erst! Meine Mutter schreibt mir: »Ich stricke ganz kleine Sachen für Dich … oder für jemanden, der Dir sehr nahe ist, mein Liebstes. Für ein kleines Wesen, das sicherlich bald um Dich sein wird …« Oh Elénor, genauso leicht wie mit Célestin könnte ich mit einem der Stühle in meinem Atelier Kinder machen. Hör zu! In der Hochzeitsnacht (!) habe ich mich in ein riesiges, mit grell rosafarbenen Vorhängen dekoriertes Bett gelegt. Eine gute halbe Stunde später geht die Tür auf, und ich sehe eine Erscheinung vor mir: eine ganz in weiße Federn gehüllte und mit Engelsflügeln versehene Gestalt. Ich sagte mir: ›Jetzt musst du sicher sterben, denn das da ist der Engel des Todes.‹*

*Der Engel war Célestin.*

*Plötzlich entkleidete er sich, indem er sein Federgewand zu Boden fallen ließ. Darunter war er nackt. Wenn die*

*Federn schon weiß waren, dann war sein Körper geradezu wie Schnee in der Sonne. Ich nehme an, er hatte ihn mit phosphoreszierender Farbe bestrichen, denn er leuchtete wie der Mond. Und er trug blaue Strümpfe mit roten Streifen.*

*»Bin ich schön?«, fragte er. »Man sagt es.«*

*Ich war ganz gebannt und konnte nicht antworten.*

*»Meine liebe Agathe«, fuhr er fort und betrachtete seine Erscheinung im Spiegel, »Sie sind nicht mehr bei den Bäuerinnen …« (Hier spricht man mich mit »Madame« an.)*

*Dann zog er sich wieder die Federn und die Flügel an. Mit einem Mal war mir so kalt, dass ich mit den Zähnen klapperte. Und jetzt hör mir gut zu, Elénor: Je länger ich Célestin ansah, desto leichter kam er mir vor, leicht wie eine Feder. Er begann, in seltsamer Weise im Zimmer herumzugehen. Dabei schienen seine Füße immer seltener den Boden zu berühren … Dann schlüpfte er durch die Tür auf den Korridor hinaus. Ich bin aufgestanden und zur Tür gelaufen. Célestin entfernte sich in der Dunkelheit … und seine Füße berührten den Boden nicht mehr … Glaub mir, ich weiß, was ich sage. Er bewegte ganz langsam seine Flügel … aber …*

*Siehst Du, so hat für mich das Eheleben begonnen!*

*Ich habe Célestin dann eine Woche lang nicht mehr gesehen. Ich sah übrigens fast niemanden, außer einem alten Diener namens Gaston. Er brachte mir zu essen, und zwar immer nur süße Sachen. Ich habe in meinem Atelier gelebt, so wie ich es auch jetzt tue. Ich bin so traurig, Elénor, dass mein Körper durchsichtig wird; so viele Tränen habe ich vergossen! Sollte es möglich sein, dass man zu Wasser zerschmilzt, ohne eine Spur zu hinterlassen? Ich bin so oft allein, dass ich eine Art verliebter Freundschaft mit meinem Bild im Spiegel angeknüpft habe … Aber, Elénor, das Schlimmste ist: In letzter Zeit sehe ich mich nur noch sehr schlecht im Spiegel … Ja, es ist grauenhaft, aber wahr. Wenn ich mich anschaue, ist mein Gesicht ganz nebelhaft, und … ich glaube, nein, ich bin sicher … dass ich die Gegenstände im Zimmer durch mein Gesicht hindurchscheinen sehe.*

*Jetzt weine ich dermaßen, dass ich nicht mehr das Papier erkennen kann, auf das ich schreibe.*

*Jeden Tag, Elénor, verliere ich mich ein wenig mehr … und ich habe noch nie so sehr mein Gesicht geliebt! Ich versuche, ein Selbstporträt zu malen, damit ich etwas von mir aufzuheben habe, verstehst Du. Aber … ich kann nicht, ich entgleite mir selber.*

*Und dann noch etwas: die Gegenstände werden schrecklich klar und lebendig, lebendiger als ich. Weißt Du, Elénor, ich habe Angst … Hör zu, die Stühle hier sind sehr alt, auch alle anderen Möbelstücke. Aber vergangene Woche habe ich eine kleine grüne Knospe an einem dieser alten Stühle gesehen … eine Knospe, wie sie im Frühling aus den Bäumen sprießen … und inzwischen – es ist entsetzlich – hat sie sich zu einem Blatt entwickelt … Oh Elénor!*

Einige Tage später schrieb sie:

*Das Zimmer ist voll davon … alle Möbel haben grüne Triebe, viele haben schon Blätter, kleine, zierliche, ganz zartgrüne Blätter. Es ist ein Witz, dass aus diesen* uralten, verstaubten Möbeln so junge Blätter hervorwachsen.

Célestin ist hier gewesen; er hat von all dem nichts bemerkt, aber mein Gesicht hat er berührt mit seinen glatten, seinen viel zu glatten Händen, und er hat gesagt: »Sie werden immer ein Kind bleiben, Agathe. Sehen Sie mich an, bin ich nicht schrecklich jung?« Dann hat er gelacht. Er hat ein sehr lautes Lachen.

»Spielen Sie ganz allein Theater?«, fragte er.

Aber das stimmt nicht, Elénor; ich habe mich nur verkleidet, damit ich wieder fester, greifbarer werde, damit ich nicht … Du ahnst, was ich sagen möchte!

»Als Sie klein waren, Agathe, haben Sie da nie ›Alle Vögel fliegen hoch‹ gespielt?«

Célestin schaute in den Spiegel, als er mir diese sonderbare Frage stellte. Ich antwortete ihm, dieses Spiel habe mir als Kind sehr viel Spaß gemacht.

»Na, dann lassen Sie es uns spielen!«, rief er.

Das Zimmer war voller Leute, die durch ihre Kleidung seltsam an Schafe erinnerten. Aber sie waren nackt, Elénor! … Die Kleider waren nichts weiter als ihre Haare. Es waren lauter Männer, die geschminkt waren wie Huren. »Die Lämmer Gottes«, sagte Célestin.

Wir haben uns rings um einen runden Tisch gesetzt, und aus den langen Zotteln kamen plötzlich an die zwanzig Händepaare zum Vorschein. Ich bemerkte, dass ihre Fingernägel zwar lackiert, dabei aber sehr schmutzig waren. Die Hände waren bleich, von fahlgrauer Farbe.

Ich nahm das alles nur ganz flüchtig wahr, denn meine Augen vermochten nichts anderes zu sehen als die Hände Célestins. Ich schwöre Dir, Elénor, diese Hände trief-

*ten vor Feuchtigkeit … und sie waren ganz glatt und hatten eine sehr merkwürdige Farbe: wie Perlmutt. Auch er schaute auf seine Hände und lächelte verschmitzt.*

*»Alle Vögel fliegen hoch!«, rief er plötzlich, und mit flügelartigen Bewegungen streckten alle ihre Hände in die Luft. Auch meine Hände bewegten sich flatternd nach oben.*

*»Alle Schafe fliegen hoch!«, fuhr Célestin fort.*

*Zuckend lagen die Hände auf dem Tisch, blieben diesmal aber unten.*

*»Alle Engel fliegen hoch!«*

*Bis jetzt hatte noch niemand eine falsche Bewegung gemacht.*

*Auf einmal steigerte sich Célestins Stimme zu einem gellenden, furchtbaren Schrei:*

*»CÉLESTIN … FLIEGT HOCH!«*

*Elénor, liebe Elénor, seine Hände …*

An dieser Stelle brach Agathes Tagebuch mitten im Satz ab.

Ich drehte mich um und schaute zu ihrem Porträt hinüber: Die Leinwand war leer; ich wagte nicht, im Spiegel nach meinem Gesicht zu suchen. Ich wusste, was ich dort sehen würde; meine Hände waren so kalt …

*ca. 1938/39*

## Die drei Jäger

Ich war in einem tiefen Wald und machte gerade eine Rast. Die Bäume und die Wildfrüchte standen in voller Reife. Es war Herbst. Ich fing an einzunicken, als mir plötzlich etwas Schweres auf den Bauch fiel. Es war ein totes Kaninchen, dem Blut aus der Schnauze floss. Es war an Erschöpfung eingegangen. Kaum hatte ich mich des Kaninchens entledigt, als mit einem Sprung, der behender war als der eines Hirsches, ein Mann neben mir landete. Er war mittelgroß, hatte ein rotes Gesicht und trug einen langen weißen Schnauzbart. Aufgrund seines Gesichts hätte ich sein Alter auf etwa neunzig Jahre geschätzt.

»Sie sind ganz schön beweglich für Ihr Alter«, sagte ich, aber dann sah ich auf seine Kleider. Er trug einen Jagdrock von der Farbe der Damaszenerrose, einen leuchtend grünen Hut mit großen, orangefarbenen Federn und sehr lange schwarze, mit Sommerblumen besetzte Stiefel. Eine Hose hatte er nicht an. Interessiert schaute er auf das Kaninchen.

»Ich habe mich langsam bewegt, um dem armen Tier eine Chance zu geben«, sagte er. »Aber es wusste einfach nicht, wie es laufen sollte. In Zukunft werde ich die Kaninchen McFlanagan überlassen.«

Ich versuchte, mir etwas Hübsches auszudenken, das ich ihm sagen konnte.

»Ich mag, wie Sie gekleidet sind«, sagte ich und lächelte ihn freundlich an.

»Ach, das«, erwiderte er. »Leute mit etwas Sinn für Ästhetik werden finden, dass es meiner Kleidung an Würde gebricht. Aber es ist nur fair, diese Farben zu tragen. Wenn die Tiere mich kommen sehen, haben sie so größere Chancen.« Dann veränderte sich sein Tonfall: »Ist das Whisky da in Ihrer Flasche?«

»Ja«, sagte ich.

»Oh«, sagte er, »tatsächlich?«

»Ja, ja.«

»Aha.« Er setzte sich neben mich und starrte wie hypnotisiert auf die Flasche: »Whisky, sagen Sie?«

»Jahrgang 1900.«

»Ein sehr guter Jahrgang: der, den ich bevorzuge.«

»Ich auch.«

»Aha.«

»Ja.« Unterdessen hatte ich erraten, dass er vielleicht ganz gern einen Schluck probiert hätte. Ich bot ihm die Flasche an. Er lehnte nicht ab.

»Wissen Sie, ich besitze einen außergewöhnlichen Weinkeller. Möchten Sie ein paar von meinen Weinen kosten?«

»Ja«, sagte ich.

»Gehen Sie den Fußpfad drüben links immer geradeaus und stören Sie sich an keinem der anderen Wege, auf die Sie stoßen. Es ist das erste Landgut hinter der achtzehnten Wegkreuzung.«

»Kommen Sie denn nicht mit?«

»Ich kann mich nur in Sprüngen und Sätzen fortbewegen«, erwiderte er und verschwand mit fünf Yards weiten Sätzen zwischen den Bäumen.

Auch ich machte mich auf den Weg. Gegen Mitternacht erreichte ich das Landgut. Ein Individuum, das sich auf allen vieren bewegte, öffnete mir die Tür.

»Mein Bruder McBologan wartet schon seit heute Mittag auf Sie. Ich bin McFlanagan, der Schrecken des Waldes. McBologan ist der Fluch des Waldes und McHooligan das Ekel des Waldes. McHooligan ist auch der Koch.«

Wir gingen in einen Raum, der hundert Yards lang und fünfzig breit war. McBologan saß am Tisch, vor sich sechs Dutzend Hasen, an die hundert Wildenten und neunzehn Wildschweineber.

»McHooligan«, schrie McBologan, »wir können anfangen zu essen.«

Ich hörte ein Windgeräusch, und McHooligan kam hereingestürmt wie ein geölter Blitz: Er kam erst am anderen Ende des Raums zum Stehen, prallte gegen die Wand und setzte sich dann blutend an den Tisch. Seine Brüder blickten ihn finster an.

»Langsamer als auf diese Weise kann er sich nicht bewegen«, sagte McFlanagan, immer noch auf allen vieren. McHooligan war vielleicht noch zehn Jahre älter als McBologan und legte die gleiche tiefe Traurigkeit an den Tag wie seine Brüder. Während des Essens weinten alle drei heiße Tränen auf ihre Teller.

Gegen Ende des Mahls sagte McBologan: »McFlanagan sollte sich rasieren.«

Das waren die ersten Worte, die gesprochen wurden. Eine Stunde später sagte McFlanagan: »Weshalb denn?«, und wieder zwei Stunden danach sagte McBologan: »Deshalb.« McHooligan sagte gar nichts, er musste zu sehr weinen. Als es auf fünf Uhr morgens zuging, sagte McBologan: »Lasst uns ein bisschen auf die Pauke hauen, ja? Ich brauche etwas Unterhaltung.« Und da die anderen weiterhin schwiegen, wandte er sich an mich: »Ich habe ein paar Jagdtrophäen. Möchten Sie sie sehen?«

Nachdem wir durch eine lange Galerie gewandert waren, kamen wir in einen von etlichen Lampen gut erhellten Raum … Darin befand sich nichts anderes als Würste: Würste in Aquarien, Würste in Käfigen, Würste an den Wänden, Würste in prächtigen Glasbehältern. Nichts als Würste. Ich muss wohl ein wenig verwundert dreingeschaut haben. McBologan sah auf seine Würste.

»Das«, sagte er, »ist die Hand des Schicksals.« Ich stand neben ihm und dachte angestrengt nach. »Man gelangt zu der Erkenntnis, dass nichts ewig währt, dass nichts« – er sah nachdenklich auf eine Landschaft aus Würsten – »dass letztlich nichts stärker ist als das Gute. Seit der Erstkommunion meines Großvaters Angus McFruit befindet sich die Familie in einer ernsten Notlage. Jock McFish, mein armer Vater, konnte nur auf dem Kopf gehen. Geraldine, meine Mutter (eine Heilige!), lief nur auf ihrem … nun ja, das sind allzu private Details.« Er vergoss einige Tränen.

»Still, werden wir nicht sentimental. Alles begann am Tage der ersten Kommunion meines Großvaters. Er war noch ein junger Kerl und begriff nicht das Feierliche des Ereignisses. Am Abend vor diesem Festtag, am Tag, bevor er seinen Herrn empfangen sollte, aß er einen Teller Bohnen. Und am nächsten Morgen in der Kirche …« McBologan stockte. »Es kam dazu, dass ihm ein bestimmtes Geräusch entfuhr …« Er schaute weiter auf die Würstelandschaft. Ich spürte, wie er seine Erregung niederzukämpfen suchte. »Von dem Tag an lag die Strafe des Herrn auf uns. Was für eine Trophäe wir auch aufzubewahren versuchen, sie wird immer wieder zu einer Wurst. Und wir selbst … nun ja, Sie sehen's ja.«

Völlig aufgewühlt wandte er sich ab, und ich hörte, wie sich seine hüpfenden Schritte zum Gutshaus hin entfernten.

*ca. 1937–1940*

## Monsieur Cyril de Guindre

Eines schwül-warmen Frühlingsnachmittags ruhte Monsieur Cyril de Guindre anmutig auf seinem gletscherblauen Kanapee. Mit Gebärden wie denen einer müden Schlange spielte er mit seiner Katze. Trotz seines Alters war Monsieur de Guindre ein schöner Mann. »Sein Gesicht ist eine Albinoorchidee«, pflegte sein enger Freund Thibaut zu sagen, »sein gefräßiger, veilchenblauer Mund ist eine giftige, mondinsektförmige Ragwurz, und was für ein seltenes Tier besitzt ein Fell, das seinen Haaren gleicht?« Monsieur de Guindre stieß inmitten seiner Aureole aus Parfum einen

Seufzer aus, er dachte an Thibaut, denn der ließ bereits eine halbe Stunde mit dem Tee auf sich warten.

Das Grün des Gartens war so intensiv, dass er sich die Hand vor die Augen hielt.

»Dein Blick ermüdet mich genauso wie der Garten«, sagte er zu der Katze. »Mach die Augen zu.«

Er bemerkte Thibaut nicht, der mit einem Strauß Moosröschen in der Hand geräuschlos ins Zimmer getreten war. Thibaut, der erheblich jünger war als Cyril de Guindre, hatte eine Haut, die so goldfarben war wie ein in einem vorzüglichen alten Likör konservierter Kinderleichnam. Er trug einen eleganten, forellenfleischfarbenen Morgenmantel. Das Gesicht, das er hinter den Rosen verbarg, war vor Zorn totenblass.

»Aha, Thibaut«, sagte Cyril mit matter Stimme, »was hast du denn den ganzen Nachmittag getrieben, dass du mich derart warten lässt? Du weißt doch ganz genau, dass ich den Tee um fünf Uhr nehme … wie jedermann übrigens.«

Thibaut schleuderte die Rosen auf die Katze, die fauchend aufsprang, Cyril in den Oberschenkel kratzte und Thibaut mit feindseligen grünen Augen zwischen den Blumen hindurch anstarrte. (Katzen mochten Thibaut nicht.)

»Überdies«, fuhr Cyril fort, indem er seine Katze von den Rosen befreite, »wollte ich gern ein wichtiges Projekt mit dir besprechen … aber da du die Natur meiner Gesellschaft vorziehst, zögere ich, dir meine Überlegungen mitzuteilen.«

Thibaut zuckte die Achseln.

»Erkläre mir«, entgegnete er, »wie es kommt, dass der Garten von Nymphen befallen ist.«

Seine Stimme klang wie ein wütendes Zischen.

»Von Nymphen?«, fragte Cyril. »Wo hast du denn Nymphen gesehen?« Die Hand, die auf seiner Brust einen Zipfel des Spitzensaums zurechtzupfte, zitterte ein wenig, aber um seine veilchenblauen Lippen spielte ein gewinnendes Lächeln.

»Ich habe am See ein junges Mädchen gesehen«, brach es aus Thibaut hervor. »Wer ist das?«

Cyril dachte einige Sekunden lang mit geschlossenen Augen nach; dabei streichelte er unausgesetzt seine Katze.

»Läute nach einer Flasche Champagner, kleiner Thibaut. Ich werde es dir erklären.« Widerwillig folgte Thibaut dem Befehl.

»Zunächst einmal«, sagte Cyril, als er ein mit Champagner gefülltes Kristallglas in der Hand hielt, »zunächst einmal sag mir, ob dieses junge Mädchen hübsch war.«

»Ich habe sie kaum gesehen«, erwiderte Thibaut mit verstörtem Blick. »Wieso interessiert dich das?«

»Es interessiert mich, mein kleiner Thibaut, weil dieses junge Mädchen wahrscheinlich eine nahe Verwandte von mir ist, vielleicht sogar meine Tochter.«

Thibauts Mund verzog sich rings um die Zigarette, die er gerade rauchte, zu einem schmerzlichen Lächeln, und seine Finger krallten sich in den Sessel, in dem er saß.

»Tatsächlich?«

»Ja, vor zwanzig Jahren habe ich die Geschmack-

The Chair, Daghda Tuatha dé Danaan, 1955,
Öl auf Leinwand, 49 x 39 cm, Privatsammlung

losigkeit begangen, mir eine Frau zu nehmen, die ich dann übrigens auch geehelicht habe. Sie war eine Nervensäge, eine Person fernab der zivilisierten Sitten, mit einem unerquicklichen Mangel an Taktgefühl behaftet. Mit dieser Eigenart, die ihr grundlegender Wesenszug war, wurde sie im sechsten Jahr unserer Ehe schwanger. Ihr plumpes Äußeres in den neun Monaten ihrer Trächtigkeit machte mich sehr krank, und nach der Geburt ihrer Tochter, mein lieber Thibaut, musste ich mehrere Wochen lang das Bett hüten. Ich habe sehr an unangenehmen Halluzinationen gelitten, bei denen ich mir einbildete, ich sei selbst in anderen Umständen … Erst die Massagen eines Chinesen namens Wang To halfen mir wieder auf die Beine.«

»Und dann?«, fragte Thibaut mit tonloser Stimme.

»Dann«, sagte Cyril, nachdem er sich die Lippen mit Champagner benetzt hatte, »bildete ich mir ein, ich hätte ein Verhältnis mit einer Sirene, die mich fortwährend mit ihrem schweren, schlaffen Schwanz streichelte und dabei den Schlafrock aus rosafarbenem Samt nass machte, den ich damals zu tragen pflegte …«

Thibaut unterbrach ihn mit einer ungehaltenen Handbewegung:

»Ich möchte keine Einzelheiten über deinen seelischen Zustand hören, sondern wissen, wie es mit dieser häuslichen Romanze weiterging.«

»Davon wollte ich gerade sprechen«, erwiderte Cyril und seufzte leise. »Meine Frau hat nie wieder zu ihrem normalen Geisteszustand zurückgefunden … Zurzeit befindet sie sich in einer Nervenheilanstalt, einer sehr komfortablen übrigens. Sie leidet an merkwürdigen

Halluzinationen und ist von einer beklagenswerten geistigen Beschränktheit. Ich habe sie seit Jahren nicht gesehen.«

Auf Thibauts Gesicht spiegelte sich unsäglicher Ekel, und er schwankte hin und her wie ein Betrunkener. »Entzückend, ganz entzückend«, murmelte er mit trockenen Lippen.

»Und das … Mädchen?«

»Ich habe sie bei den Purpurnen Schwestern im Kloster vom Heiligen Grab in Pflege gegeben. Diese trefflichen Nonnen übernahmen die geistliche und weltliche Erziehung des kleinen Mädchens, das aufgrund eines launischen Einfalls seiner Mutter den Namen Panthilde erhalten hatte. So, mein liebster kleiner Thibaut, jetzt weißt du genauso viel über mein Leben wie ich selbst.«

Thibaut stand auf und sagte, davon müsse er sich erst einmal erholen. Er war sehr blass.

»Panthilde«, murmelte Cyril de Guindre, »was soll ich anfangen, wenn du hässlich bist? … Dann werde ich dich diskret in den smaragdgrünen Wassern meines Sees verschwinden lassen, denn Hässlichkeit ertrage ich nicht. Sie müsste jetzt vierzehn sein, ein kritisches Alter… Hoffentlich ähnelt sie nicht ihrer Mutter. Was für eine Katastrophe, was soll ich bloß mit einer Tochter?«

Er läutete nach dem Hausdiener, einem aufgedunsenen jungen Mann, der aussah wie ein schönes, molliges Hühnchen, das gerade lange genug in einer aromatischen Brühe gelegen hat und auf den Punkt gar ist. Er hieß Dominique und hatte die Stimme und die Gestik eines Jesuiten.

»Monsieur?«, murmelte er und zupfte die Kissen hinter Cyrils Kopf zurecht.

»Dominique, meine heilige Fettpflanze«, sprach Cyril ihn an, »hast du, als du noch Laienbruder bei den Jesuiten warst, jemals etwas von den Kleinen Purpurnen Schwestern vom Heiligen Grab gehört?«

Dominique blickte mit milchigen Augen zu Boden.

»Es gab da den Abbé, Monsieur«, sagte er, »der sich von Zeit zu Zeit zu den Schwestern begab, um die Messe zu lesen und ihnen die Beichte abzunehmen …«

»Aha. Und wie äußerte er sich über sie?«

»Bruder Coriolan, der zugegen war, wenn Monsieur l'Abbé sein Bad nahm, hat mir erzählt, Monsieur l'Abbé sei nach seinen Besuchen im Kloster vom Heiligen Grab stets voller Elan gewesen. Am Tag, bevor er dorthin ging, parfümierte er sich immer mit Bittermandeln. Ich erlaube mir hinzuzufügen, dass Monsieur l'Abbé die süßen oder angenehmen Seiten des Lebens sehr wohl zu genießen wusste.«

»Dominique, bereiten Sie mir mein Bad mit Rosenwasser vor. Heute Abend werde ich mich mit pfauengrünem Puder schminken. Danach gehen Sie hinaus in den Garten und suchen mir das junge Mädchen; es spielt in der Nähe des Sees.«

Obgleich Dominique bei den Worten seines Herrn eine gewisse Verwunderung empfand, ließ er sich nichts davon anmerken; er neigte den Kopf und zog sich im Rückwärtsgang aus dem Zimmer zurück.

»Leg mein Angorakleid zurecht«, rief ihm Cyril mit geschlossenen Augen nach, »und die gestreiften Papststrümpfe.«

Das i-Tüpfelchen an Cyril de Guindres Toilette waren einige Tropfen Opiumessenz, die er sich hinter die Ohren tupfte. Befriedigt betrachtete er sein Abbild im Spiegel. Wahrhaftig, er hatte wunderschöne Ohren, zart wie zwei kleine Geranienblätter. Er neigte sich zum Spiegel und küsste sein Abbild auf die Lippen; der zurückbleibende Abdruck war purpurrot, und seine Form war die eines fliegenden Vogels.

»Kostbare Mumie«, murmelte er und lachte. »Warum solltest du dich nicht amüsieren?«

Langsam schritt er die Marmortreppe hinab, gefolgt von der Katze, die ihren Schwanz in die Luft reckte wie eine Feder.

Panthilde stand in der Mitte des Salons. Sie blickten sich wortlos an. Cyril sah ein vierzehnjähriges Mädchen vor sich, das als Klosterschülerin gekleidet war. Ihr Gewand bestand aus schwarzem, steifem Stoff und einer weißen Halskrause. Ihre langen, sehr schlanken Beine steckten in ebenfalls schwarzen, dicken Wollstrümpfen. Ein Strohhut verbarg ihr Gesicht. Ihre sehr langen, bläulich schimmernden schwarzen Haare waren züchtig zu zwei Zöpfen zusammengeflochten, die bis auf wenige Zentimeter hinab auf den Boden reichten.

Nach einigen Sekunden des Schweigens trat Cyril auf sie zu und nahm ihr vorsichtig den Hut ab; er war verblüfft über ihre perverse Schönheit – sie ähnelte ihm sehr.

»Panthilde«, sagte er schließlich, »erkennst du deinen Vater nicht?«

Sie sah ihn zerstreut an und schüttelte den Kopf:

»Nein, Monsieur, ich kenne Sie nicht.«

Cyril bemerkte, dass ein ihm vertrauer, aber alles andere als angenehmer Geruch im Zimmer hing. Er überlegte, woher dieser Geruch wohl kommen mochte, und stellte erstaunt fest, dass es ein Ammoniakgeruch war, den er aus seinen Ställen kannte: Es roch nach Pferdeurin. Je näher er auf seine Tochter zutrat, desto stärker wurde der Geruch. Er dachte an Pferde, was er sonst nie tat, und vergaß darüber beinahe, dass Panthilde vor ihm stand. Er glaubte, mehrere Pferde im Zimmer zu sehen, die dicht an ihm vorbeiliefen und ihn mit ihren großen, irren Augen ansahen.

»Seit wann bist du schon bei mir?«, fragte er mit ungeheurer Anstrengung. Er war verärgert, denn er meinte, um Panthildes Mund ein leichtes Lächeln entdeckt zu haben, das aber sofort wieder erstarb.

»Ich weiß nicht, Monsieur … Mir scheint, ich bin schon eine ganze Weile hier. Ich werde von Monsieur l'Abbé unterrichtet, der jeden Tag herkommt.«

Cyril fühlte sich so erschöpft, dass er sich auf das Kanapee legte. Er zündete sich eine Zigarette an, eine sehr teure, mit Myrrhe parfümierte Marke. Der Pferdegeruch benahm ihm den Atem. Wenig später schlief er ein, ohne aber gänzlich sein Wachbewusstsein zu verlieren. Er hatte das Gefühl, Panthilde säße dicht neben ihm und sänge mit hoher Kinderstimme:

*Daddy don't cry I'll buy*
*A dolly in a coach one day!*

(Wein' nicht, Papa, in einigen Tagen
Kauf' ich ein Püppchen mit Kinderwagen!)

Durch eine Wolke von Schlaf hindurch sah er, wie Panthilde einen kleinen Napf aus ihrer Tasche zog. Sie tauchte ihre Lippen in den schwarzen, klebrigen Inhalt des Töpfchens und schob dann ihr Gesicht ganz nahe an das seinige. Ihre Lippen waren schwarz und glänzend wie der Rücken eines Skarabäus. Da fühlte er sich gegen seinen Willen gezwungen, von den Lippen zu kosten. Er öffnete den Mund und machte eine Bewegung in ihre Richtung, doch sie zog lachend den Kopf zurück. Er zitterte vor Entsetzen und Verlangen.

»Papa will den Lenz«, sagte Panthilde spöttisch. »Papa will den Lenz, Papa will den Lenz ...«

Sie begann, den monotonen Rhythmus dieser Worte singend zu skandieren: »Papa will den Lenz ...«

Cyril schlief ein.

Als er erwachte, lag der Blick Thibauts auf ihm. Er trug einen eng anliegenden Anzug, der sich um seinen Körper spannte wie eine zweite Haut. Das Kleidungsstück war aus feinem, wolligem Tuch geschnitten, das die Farbe reifer Pfirsiche hatte und kapriziös mit verschiedenfarbenen Bändern bestickt war, die sich in verwirrenden Windungen um seine Gliedmaßen schlangen. Seine Hände steckten in karmesinroten Fellhandschuhen.

»Allmächtiger!«, entfuhr es Cyril bei diesem Anblick. »Ist es schon Zeit zum Dinner?«

Wie gewöhnlich wurde das Abendessen auf der Terrasse mit den Trauerweiden serviert. Cyril, auf der anderen Seite eines kupfernen, mohnblumenförmigen Tisches Thibaut gegenübersitzend, gab sich inmitten der

Düfte aus Garten und Küche seinen Träumen hin. Er hatte müde Augen. Dominique, auf leisen Sohlen um den Tisch herumstreichend, trug allerlei delikate Gerichte auf, zunächst ein rundes, fettes, geradezu obszön wohlschmeckendes Hühnchen, das mit einer Füllung aus Drosselhirn und Drosselleber, aus Trüffeln, aus zerstoßenen Süßmandeln und aus Rosenkonfitüre mit etlichen Tropfen eines himmlisch mundenden Likörs veredelt war. Dieses Hühnchen, das drei Tage lang gerupft, aber noch lebendig in Honig gelegen hatte, war zum Schluss durch Dünsten in den Dämpfen von kochendem Patschuli getötet worden. Sein Fleisch war cremig und zart wie ein frisch gepflückter Pilz.

Auf eine kalte Spargelcremesuppe sowie Austern in Sahne folgte eine ganze Prozession seltsamer und sehr leckerer Kuchen, die allesamt weiß und dennoch so unterschiedlich waren wie die verschiedenen Tierarten im zoologischen Garten. Cyril und Thibaut probierten von allen, dabei plauderten sie hin und wieder ein wenig oder lauschten der Musik, die ein als Engel gekleideter Knabe vortrug.

Thibaut sprach von einem Anzug, den er sich anfertigen lassen wollte:

»Das wird kaum ein Ausgehanzug sein«, sagte er. »Eher etwas für die intime Atmosphäre des Boudoirs … für einen Tee zu zweit. Die Hose aus dem Fell ich weiß nicht welchen Tiers wird von einem ins Zartrosa spielenden Beige und dazu sehr fein in einer dunkleren Farbe gestreift sein; sie wird in Form und Material an die Beinbehaarung einer Perserkatze erinnern. Die Hemdbrust könnte sehr gut blassgrün getönt sein wie die Federn eines sterbenden Eisvogels, sollte aber zur Hälfte von einem stahlblauen Jackett verdeckt werden, das glänzen müsste wie die Schuppen eines Fisches … Was hältst du davon?«

»Hinreißend«, erwiderte Cyril, der an einer Frucht knabberte, »aber ich würde die Hemdbrust eher aus Samt und in einem grünen, ins Ockerfarbene hinüberspielenden Ton, also moosgrün anfertigen lassen …« Er brach abrupt ab und fuhr sich mit der Hand an die Stirn: Auf der rosafarbenen Steinwand fielen mit entsetzlicher Wildheit die Schatten zweier Pferde übereinander her.

Dieser lautlose, furchtbare Kampf dauerte nur wenige Sekunden, dann verblassten die Schatten, und Cyril, der totenbleich geworden war, drehte sich um und sah, dass ein Priester hinter ihm stand.

»Monsieur l'Abbé de Givres«, tönte die Stimme Dominiques.

Die Soutane des Abbé de Givres war grau vor Staub und stark von den Motten zerfressen; das Kinn und der glatt rasierte Schädel des Geistlichen schimmerten bläulich, von seinem Gesicht, finster und von großer Schönheit, ging ein merkwürdiges fahles Leuchten aus. Als er sich dem Lichtkreis rings um den Tisch näherte, glitzerte seine Haut wie Wasser im Mondlicht. Cyril bemerkte, dass dieser Glanz durch trockene, silbrige Schorfteilchen verursacht wurde, von denen seine Haut bedeckt war. Ihn überkam ein Gefühl der Übelkeit, als der Abbé ihm die Hand entgegenstreckte, die er füglich nicht zurückweisen konnte. Diese Hand, lang und feingliedrig wie die einer Frau, bestand aus einer Substanz, die so trocken war wie die abgestreifte Haut einer Schlange.

»Mein lieber Monsieur de Guindre«, sagte der Abbé mit sanfter Stimme, »was für eine Freude, endlich kennenlernen zu dürfen, was Sie …«

Er deutete einen imaginären Kreis rings um sich herum an.

»Meine geistlichen Obliegenheiten haben verhindert, dass ich, wie ich es gern getan hätte, zu einem weit früheren Zeitpunkt Ihre Bekanntschaft machen konnte. Immerhin habe ich das immense Vergnügen, bei der Unterweisung von Mademoiselle de Guindre ein klein wenig von Nutzen zu sein.«

Mit einem bezaubernd offenen Lächeln zog er sich einen Stuhl heran und nahm neben Cyril Platz. Die Anwesenheit Thibauts, der ihn wie ein Schlafwandler anstarrte, ignorierte er völlig.

»Dieses schwüle Wetter«, fuhr der Abbé fort und nahm ein sehr großes Stück Anemonenvanillekuchen, »hat eine narkotische Wirkung auf den Geist, nicht wahr, mein lieber de Guindre? Aber Ihr köstlicher Garten ist ja eine wahre Blumenwiege, und wenn ich unter Ihren Mandelbäumen umherpromeniere, geschieht es oft, dass auf geheimnisvollen Wegen ein Tier vor mir davonläuft …«

»Oft? Gehen Sie denn häufig in meinem Garten spazieren?«, fragte Cyril verwundert. »Sie werden meine Neugierde entschuldigen, aber darf ich Sie fragen, seit wann Sie bereits auf meinem Besitztum ein- und ausgehen?«

»Ja, oft!«, wiederholte der Abbé voller Inbrunst. »Ich

kenne jede Blume, jede Pflanze ... jeden Baum. Man darf sagen, der Abbé de Givres ist ein echter Stammbesucher des Guindre-Gartens.« Er nahm einen Geißblattzweig aus seiner Brusttasche und hielt ihn Cyril unter die Nase, der begierig seinen Duft einsog. Seine purpurfarbenen Lippen wurden feucht und fast schwarz, als sie die Blüten berührten, sein Orchideengesicht wurde schlaff und bleich vor Lust. Thibaut rührte sich nicht von der Stelle, aber seine Augen blickten kalt und grimmig. Ihm schien, als gleite der Neumond vom Himmel herab und stehle sich zwischen die Blätter der Trauerweiden, um sich schließlich auf dem Kopf des Priesters niederzulassen und ihm seine spitze Sichel in den Schädel zu bohren wie ein Messer in Blauschimmelkäse. Sein Gesicht glitzerte noch stärker.

Panthilde, die gerade aus dem Garten gekommen war, stand ein wenig abseits von den drei Männern. Doch sie beobachtete sie mit tragisch-düsterem Blick. Cyril wusste, dass sie dort stand, denn beharrlich stieg ihm wieder der Ammoniakgeruch in die Nase.

»Panthilde?«, fragte der Abbé und sah dabei Cyril an. »Bist du da?« Nur mit Mühe verbarg er eine gewisse Unruhe, die aus seiner Stimme klang. »Spielst du nicht mehr draußen im Mondschein?«

Sie rollte mit den Augen und zeigte dabei das Weiße in ihnen, so wie gereizte Pferde es tun; dazu scharrte sie mit dem Fuß.

»Komm«, fuhr der Abbé fort, »komm her und sag deinem Papa Guten Abend.«

Thibaut begann zu zittern und krallte seine Hände um die Tischkante. Panthilde blieb stehen, wo sie stand; sie atmete heftig und sah ängstlich den Abbé an.

»Dieser Geruch!«, stieß Cyril mit gepresster Stimme hervor. »Ich fühle mich nicht wohl.«

Er wollte aufstehen, doch der Abbé hielt ihn am Arm fest und lachte.

*ca. 1937–1940*

## Traurig und deprimiert

Traurig und deprimiert ging ich tief ins Gebirge hinein, wo die Zypressen so spitz waren, dass man sie für Waffen hätte halten können, und wo die Brombeersträucher Dornen so groß wie Krallen hatten. Ich kam zu einem von Kletterpflanzen und Unkraut mit seltsamen Blüten überwucherten Garten. Durch ein breites Tor sah ich ein altes Weiblein, das sich um die wild durcheinander wachsenden Pflanzen kümmerte. Sie war in malvenfarbene Spitze gekleidet und trug einen breiten Hut, der aus einem anderen Jahrhundert zu stammen schien. Dieser mit Pfauenfedern geschmückte Hut saß schief auf ihrem Kopf, und auf allen Seiten schauten die Haare heraus. Ich unterbrach meine trübsinnige Wanderung und bat das alte Weiblein um ein Glas Wasser, denn ich war durstig.

»Sie können gern etwas trinken«, sagte sie kokett und steckte sich eine Blume hinter ihr großes Ohr. »Kommen Sie doch in den Garten.«

Mit außergewöhnlicher Behendigkeit sprang sie auf

mich zu und nahm mich bei der Hand. Der Garten war voller alter, mehr oder weniger verfallener Tierskulpturen. Alle möglichen Pflanzen vermischten sich in einem üppigen tropischen Wuchern. Das alte Weiblein hüpfte nach rechts und links und pflückte Blumen, die sie mir schließlich um den Hals schlang.

»Sehen Sie, jetzt sind Sie richtig angezogen«, sagte sie und sah mich mit zur Seite geneigtem Kopf an. »Leute, die hierher kommen und nicht richtig gekleidet sind, mögen wir nicht. Ich selbst achte sehr auf meine Toilette; man könnte sogar sagen, ich bin so etwas wie ein kokettes Mädchen.« Sie verbarg ihr Gesicht hinter einer schmutzigen, kleinen Hand und sah mich zwischen den Fingern hindurch an. »Nicht schlecht, was?«, sagte sie leise. »Meine Koketterie ist ganz unschuldig, und keiner kann etwas anderes behaupten.« Bei diesen Worten zog sie ihren langen Rock ein paar Zentimeter in die Höhe, und ich sah ihre winzigen Füße, die in Hirschlederstiefelchen steckten. »Mir wurde gesagt, ich hätte sehr schöne Füße, aber ich bitte Sie, niemandem zu erzählen, dass ich sie Ihnen gezeigt habe …«

»Madame«, sagte ich, »mir sind zahllose Widrigkeiten zugestoßen, und ich bin Ihnen sehr dankbar, dass Sie mir die schönsten Füße gezeigt haben, die ich je gesehen habe. Sie haben Füße so klein wie Messerklingen.«

Sie flog mir in die Arme und küsste mich mehrmals. Dann sagte sie sehr würdevoll: »Ich sehe, dass Sie ein Mensch von außergewöhnlicher Intelligenz sind. Ich möchte Sie gern einladen, ein wenig bei mir zu verweilen. Sie werden es nicht bereuen.«

So lernte ich Arabelle Pegase kennen. Ihre schwarzen Augen oder ihre Füße werde ich nie vergessen. Sie führte mich zu einem Teich in ihrem Garten und lud mich ein, etwas zu trinken. Dieser Teich war von Trauerweiden umstanden, deren Zweige in das klare Wasser hinabhingen. Arabelle betrachtete ihr Spiegelbild im Wasser.

»Ich habe so viel geweint hier«, sagte sie. »Ich finde, meine Schönheit ist etwas sehr Ergreifendes. Ganze Nächte lang habe ich mein üppiges Haar ins Wasser hängen lassen, habe meinen Körper gebadet und zu ihm gesagt: ›Du kannst es mit dem Mond aufnehmen, dein Fleisch strahlt heller als sein Licht.‹ Ich sagte das alles, um ihm eine Freude zu machen, denn mein Körper ist sehr eifersüchtig auf den Mond. Eines Abends werde ich Sie einladen, seine Bekanntschaft zu machen.«

Zitternd schaute ich tief in das Wasser.

Auf der anderen Seite des Teiches sah ich eine Schar Pfauen vorbeistolzieren. Ich hörte ihre heiseren Rufe.

»Ich trage immer pfauenblaue Unterwäsche«, fuhr Arabelle fort. »Aus Seide natürlich und über und über mit Augen bestickt. Die Augen sind zum Ansehen da – raten Sie, was.«

Ich schüttelte den Kopf: »Das errate ich nicht«, sagte ich.

Wieder hielt sie sich, errötend wie ein junges Mädchen, die Hand vors Gesicht.

»Na, was schon … meinen Körper!«, sagte sie. »Sie sehen ihn von morgens bis abends, sind sie nicht glücklich zu nennen?« Ich war so verwirrt über diese Frage, dass ich nichts erwidern konnte. Arabelle bemerkte es gar nicht und fuhr fort: »Ich trage eine Menge steifer Unterröcke in allen Tönungen von blau und grün. Und wenn Sie meine Schlüpfer sähen: einer schöner als der andere! Ich spreche als Künstlerin zu Ihnen, verstehen Sie, nur als Künstlerin. Ich habe ein Kleid, das vollständig aus Katzenköpfen besteht. Es ist wunderschön. Wenn Sie es sähen … Früher war das einmal der letzte Schrei.«

Die langen blauen Abendschatten um uns herum verdichteten sich. Arabelles Gesicht war in einen feinen Dunstschleier gehüllt wie gewisse Landschaften an einem Sommertag. Von irgendwoher auf der anderen Seite des Teiches läutete eine Glocke.

»Abendessen«, sagte Arabelle und fasste mich plötzlich am Arm. »Und ich bin nicht angezogen. Beeilen wir uns, Dominique wird mich wieder ausschelten.« Sie zog mich hinter sich her und sprach dabei pausenlos weiter.

»Er ist so reizend, Dominique, aber so nervös … Man muss vorsichtig sein mit solch sensiblen Wesen. Er hat den ganzen Nachmittag gebetet, jetzt ist er hungrig, und wir verspäten uns. Der Himmel stehe mir bei.«

Wir liefen über von Gras und Moos überwachsene Wege. Dann standen wir vor dem Haus, einer großen Villa, die von Skulpturen bedeckt und von Terrassen umgeben war, die eine hinter der anderen in verwirrendem Durcheinander von ihr abfielen.

Nachdem Arabelle die Haustür geöffnet hatte, befanden wir uns in einem großen Marmorvestibül, das mit überall herumstehenden Obstbäumen dekoriert war. In der Mitte des Raums stand ein langer Tisch, der für das Abendessen gedeckt war.

»Ich lasse Sie hier ein Weilchen allein, um mich umzukleiden«, sagte Arabelle. »Bedienen Sie sich, während Sie warten, mit Wein und Kuchen.« Sie ließ mich mit einer riesigen Karaffe Rotwein und einer großen Menge nahrhafter Kuchen zurück. Ich schenkte mir etwas von dem Wein ein und wollte mich gerade in Ruhe umsehen, als ich plötzlich feststellte, dass ich nicht allein war: Neben mir stand ein junger Mann und sah mich feindselig an. Er war so bleich, dass ich kaum glauben konnte, einen Lebenden vor mir zu haben. Gekleidet war er wie ein Priester, ich glaube, wie ein Jesuit, und seine Soutane war mit Essensresten und allerlei sonstigem Schmutz verunreinigt. Ich wich unwillkürlich einen Schritt zurück.

»Erklären Sie mir Ihre Anwesenheit«, sagte er und schlug das Kreuzzeichen. »Ich mag keine Fremden hier. Außerdem bin ich sehr nervös, und es ist schlecht für meine Gesundheit.« Er goss sich einen Liter Wein ein und trank ihn in einem Zug aus.

»Ich weiß selbst nicht, was ich hier tue«, erwiderte ich. »Mein Kopf ist so schwer, dass ich nicht richtig nachdenken kann, und mein einziger Wunsch ist es, auf der Stelle zu gehen.«

»Sie können nicht fort … jetzt nicht«, sagte er. »Dies ist nicht der richtige Zeitpunkt.«

Ich war verwirrt, als ich sah, dass ihm dicke Tränen über die Wangen rollten. »Ich verstehe Sie so gut«, fuhr Dominique fort. »Glauben Sie nicht, ich wüsste nicht, hinter was Sie in diesem furchtbaren Haus her sind; ich habe sogar den ganzen Nachmittag für Sie gebetet.« Er stockte, vor Kummer versagte ihm die Stimme. »Ich habe so viel um Ihre arme Seele geweint.«

In diesem Augenblick tauchte Arabelle Pegase wieder auf, überaus extravagant mit Straußenfedern, Klöppelspitze und Edelsteinen bekleidet, das Ganze etwas angeschmutzt und zerknittert. Sie ging zu Dominique, nahm eines seiner Ohren zwischen ihre Lippen und sagte: »Schimpf mich nicht aus, mein liebster Dominique, ich habe mich für dich schön gemacht.« Dann schien mir, als bemerkte sie plötzlich meine Anwesenheit, denn sie trat rasch einen Schritt zurück.

»Dominique ist mein kleiner Junge«, sagte sie. »Das Herz einer Mutter ist ja so zärtlich.«

»Der Garten ist so schön jetzt«, fuhr sie fort. »Dominique, mein Schatz, ich träume von nichts anderem, als mit dir am Teich entlangzuschlendern.« Dominique starrte sie entgeistert an. Ich dachte, er würde gleich in Ohnmacht fallen.

»Wir sind uns geistig sehr nahe, mein Sohn und ich«, sagte Arabelle, zu mir gewandt. »Und wir haben beide ein ausgeprägtes Empfinden für die Poesie. Ist es nicht so, Dominique, liebster Junge?«

»Ja, Mutter meines Herzens«, erwiderte Dominique mit bebender Stimme.

»Weißt du noch, wie wir, als du klein warst, zusammen gespielt haben und wie ich genauso ein Kind war wie du? Weißt du's noch, Dominiquino?«

»Ja, liebstes Mütterlein.«

»Wunderschön waren sie, jene Tage, die wir zusammen verbracht haben. Du umarmtest mich von

Syssigy, 1957, Öl auf Pressspan, 56 x 50 cm
Privatsammlung

morgens bis abends und nanntest mich Schwesterchen.«

Ich war sehr verlegen und wollte fort, aber das war unmöglich.

»Wenn man nur einen einzigen Sohn hat«, fuhr Arabelle fort, »denkt und träumt man von nichts anderem.«

Im Licht der Kerzen sah ich auf einmal ein junges Mädchen neben Arabelle stehen. Sie war geräuschlos und auf geheimnisvolle Weise in den Raum getreten. Ein schönes Mädchen! Ihr schwarzes Kleid verschmolz mit den Schatten um sie herum, und ich hatte den Eindruck, als schwebte ihr Gesicht frei im Raum. Als Dominique das Mädchen erblickte, bekam er einen solchen Zitteranfall, dass man hätte meinen können, gleich würden seine Knochen auseinanderfallen. Arabelle sah mit einem Mal sehr alt aus. Das Mädchen blickte Mutter und Sohn mit starrem Gesichtsausdruck an. Alle drei standen auf, und ich tat es ihnen nach, ohne zu wissen, warum. Schließlich bewegte sich das Mädchen auf die Tür zu. Wir gingen hinaus in den Garten und kamen, immer noch schweigend, zu dem Teich. Ich sah das Spiegelbild des Mondes im Wasser, aber Entsetzen ergriff mich, als ich feststellte, dass gar kein Mond am Himmel stand: Er war in dem Wasser ertrunken.

»Lass uns deinen schönen Körper sehen«, sagte das Mädchen, sich an Arabelle wendend.

Dominique stieß einen Schrei aus und sank zu Boden. Arabelle begann, sich auszuziehen. Alsbald lag ein Haufen schmutziger Kleider neben ihr, aber in einer

Art Raserei zog sie sich immer weiter aus. Zuletzt war sie völlig unbekleidet, und ihr Körper war nichts als ein Gerippe. Das Mädchen wartete mit über der Brust verschränkten Armen.

»Dominique«, sagte sie, »lebst du noch?«

»Er lebt«, rief die Mutter. Ich hatte das Gefühl, einem Schauspiel beizuwohnen, das schon hundertmal stattgefunden hatte.

»Ich bin tot«, sagte Dominique. »Lasst mich in Frieden.«

»Ist er tot, oder lebt er noch?«, fragte das Mädchen mit klangvoller Stimme.

»Er lebt«, schrie die Mutter.

»Dabei ist er schon vor langer Zeit beerdigt worden«, entgegnete das Mädchen.

»Komm her, lass mich dich töten«, kreischte die alte Frau. »Lass mich dich zum hundertzwanzigsten Mal töten.«

Die beiden Frauen fielen übereinander her und lieferten sich einen erbitterten Kampf. Dabei gerieten sie ins Wasser, wo sie weiterhin heftig aufeinander einschlugen.

»Der Mond ist unsterblich«, schrie das Mädchen und umklammerte die Kehle der Alten. »Du hast den Mond umgebracht, aber er vermodert nicht wie dein Sohn.«

Ich sah, dass die Kräfte der alten Frau nachließen, und wenig später verschwand sie im Wasser, gefolgt von dem Mädchen. Seufzend zerfiel Dominique zu einem Häuflein Staub. Ich stand allein in einer lichtlosen Nacht.

*ca. 1937–1940*

## Weiße Kaninchen

Die Zeit ist für mich gekommen, von den Ereignissen zu erzählen, die mit dem Gebäude Nr. 40 in der Pest-Straße in Zusammenhang stehen. Die rötlich-schwarz gefärbten Häuser sahen aus wie geheimnisvolle Überlebende der Londoner Feuersbrunst. Das meinem Fenster gegenüberliegende Haus, hier und da von einer Handvoll Kletterpflanzen bewachsen, schien ebenso fahl und verödet wie nur irgendein Wohngebäude, in dem die Pest gewütet hatte, bevor es die Flammen beleckten und der Qualm es in eine zähflüssige Masse verwandelte. So hatte ich mir New York nicht vorgestellt.

Es war so heiß, dass ich Herzklopfen bekam, als ich durch die Straßen streifte. So setzte ich mich hin und fing an, das Haus gegenüber einer aufmerksamen Beobachtung zu unterziehen, wobei ich mir von Zeit zu Zeit mein schweißnasses Gesicht abwischte.

Das Licht in der Pest-Straße war nie sonderlich hell. Irgendetwas erinnerte dort immer an Qualm, der die Sicht trübte und alles in einen Dunstschleier hüllte. Dennoch war es möglich, das Haus gegenüber einer sorgsamen, ja präzisen Beobachtung zu unterziehen; im Übrigen habe ich mich stets einer ausgezeichneten Sehkraft erfreut.

Ich brachte mehrere Tage damit zu, auf irgendein Anzeichen von Bewegung in dem Gebäude zu lauern, aber es gab keines, und schließlich machte ich es mir zur Gewohnheit, mich völlig ungeniert vor meinem offenen Fenster auszukleiden und in der stickigen Luft der Pest-Straße voller Optimismus Atemübungen zu machen. Dadurch ist meine Lunge wohl genauso schwarz geworden wie die Häuser. Eines Nachmittags wusch ich mir die Haare und setzte mich, um sie trocknen zu lassen, nach draußen auf die winzige steinerne Sichel, die als Balkon diente. Ich klemmte den Kopf zwischen meine Knie und bemerkte eine blaue Fliege, die gerade den mumifizierten Leichnam einer Spinne aussaugte, die zwischen meine Füße gefallen war. Ich hob den Kopf und sah durch meine glatten Haare etwas Schwarzes, seltsam Starres am Himmel, so als flöge dort ein Flugzeug vorbei. Ich streifte meine Haare auseinander und gewahrte einen großen Raben, der sich auf dem Balkon des gegenüberliegenden Hauses niedergelassen hatte. Er hatte sich auf die Brüstung gesetzt und schien prüfend in eines der leeren Fenster zu starren; dann schob er, anscheinend auf der Suche nach Ungeziefer, seinen Kopf unter einen Flügel. Einige Minuten später sah ich zu meiner großen Überraschung, wie das zweiflügelige Fenster aufging und eine Frau auf den Balkon hinaustrat. Sie trug eine große Schüssel voller Knochen, die sie auf den Boden schüttete. Mit einem kurzen, kennerhaften Krächzen hüpfte der Rabe von seinem Geländer und begann, an seiner wenig appetitlichen Nahrung herumzupicken.

Die Frau, die schwarzes Haar hatte, das so lang wie Taue war, wischte die Schüssel aus und benutzte dazu ihre Haare.

Dann blickte sie mir direkt in die Augen und lächelte mir freundlich zu. Ich lächelte zurück und winkte mit einem Handtuch. Das schien sie zu ermutigen, denn sie warf kokett den Kopf zurück und sandte mir einen eleganten Gruß im Stil einer Königin herüber.

»Haben Sie zufällig verdorbenes Fleisch im Haus, mit dem Sie nichts mehr anfangen können?«, rief sie.

»Was habe ich im Haus?«, rief ich zurück und fragte mich, ob mir meine Ohren einen Streich gespielt hatten.

»Stinkendes Fleisch. Fleisch … nun ja, verfaultes Fleisch.«

»Im Augenblick nicht«, erwiderte ich. Wollte sie sich über mich lustig machen?

»Haben Sie nicht gegen Ende der Woche welches? Falls ja, wäre ich Ihnen sehr dankbar, wenn Sie es herüberbringen könnten.«

Dann trat sie zurück in das offene Balkonfenster und verschwand. Der Rabe flog davon.

Meine Neugierde auf das Haus und die Frau, die es bewohnte, veranlasste mich, am folgenden Tag ein großes Stück Fleisch zu kaufen. Ich legte es inmitten des Balkons auf einige Blätter Zeitungspapier und wartete ab, was nun geschehen würde. In verhältnismäßig kurzer Zeit wurde der Geruch so stark, dass ich gezwungen war, meine täglichen Verrichtungen mit einem dicken Papierpfropfen in jedem Nasenloch fortzusetzen. Von Zeit zu Zeit ging ich hinunter auf die Straße, um frische Luft zu schöpfen.

Als es auf Donnerstagabend zuging, bemerkte ich, dass sich das Fleisch verfärbte. Deshalb steckte ich es, nachdem ich einen dichten Schwarm blauer Fliegen verscheucht hatte, in meine Einkaufstasche und machte mich auf den Weg zum Haus gegenüber. Im Treppenhaus hatte ich den Eindruck, dass meine Vermieterin einen Bogen um mich machte. Ich brauchte einige Zeit, bis ich die Eingangstür des erwähnten Hauses gefunden hatte. Ich fand sie schließlich versteckt unter einer Kaskade verfilzten Efeus, und sie sah aus, als hätte schon seit Jahren kein Mensch mehr das Haus durch sie betreten oder verlassen. Die Türglocke war so altmodisch, dass sie noch mit einer Zugvorrichtung versehen war, und als ich ein bisschen fester zog, als ich eigentlich wollte, hatte ich sie in der Hand. Verärgert stieß ich gegen die Tür, sie flog nach innen auf und ließ einen grauenhaften Geruch nach verfaultem Fleisch herausdringen. Die Diele, die fast völlig in Finsternis getaucht war, schien mit Holzschnitzereien geschmückt zu sein.

Die Frau kam selber mit einer Taschenlampe in der Hand die Treppe herunter, wobei sie ein knisterndes Geräusch verursachte.

»Wie geht's, wie geht's?«, säuselte sie zeremoniös, und ich bemerkte überrascht, dass sie ein uraltes, prächtiges Kleid aus grüner Seide trug. Als sie aber auf mich zutrat, sah ich, dass ihre Haut bleich wie der Tod war und funkelte, als wäre sie mit Tausenden von winzigen Sternen übersät.

»Das ist aber lieb von Ihnen«, fuhr sie fort und griff mit ihrer glitzernden Hand nach meinem Arm. »Meine armen kleinen Kaninchen werden entzückt sein!«

Wir stiegen die Treppe hinauf, wobei meine Begleiterin so behutsam auftrat, dass ich mir sagte, sie habe wohl Angst.

Der letzte Treppenabsatz führte zu einem mit düsteren Barockmöbeln und roten Plüschbehängen geschmückten Boudoir. Der Fußboden war mit abgenagten Knochen und Tierschädeln übersät.

»Es geschieht nicht häufig, dass wir Besuch bekommen«, sagte die Frau lächelnd. »Deswegen haben sie sich alle in ihre Ecken und Winkel verkrochen.«

Sie gab einen sanften, leisen Pfiff von sich, und wie versteinert sah ich, wie an die hundert schneeweiße Kaninchen vorsichtig aus allen möglichen Schlupfwinkeln hervorkrochen und mit ihren großen rosigen Augen ohne Blinzeln die Frau anstarrten.

»Kommt her, ihr Hübschen; kommt her, ihr Hübschen«, girrte sie, langte dann mit der Hand in meine Einkaufstasche und zog einen Klumpen verfaultes Fleisch aus ihr hervor.

Zutiefst angeekelt wich ich in eine Ecke des Zimmers zurück und sah zu, wie sie das Aas mitten unter die Kaninchen warf, die sich wie Wölfe herumbalgten, um ein Stück abzubekommen.

»Sie wachsen einem ans Herz«, fuhr die Frau fort. »Jedes von ihnen hat seine kleinen Gewohnheiten. Sie werden überrascht sein zu sehen, dass jedes Kaninchen seine eigene Persönlichkeit besitzt.«

Die Tiere waren unterdessen emsig damit beschäftigt, das Fleisch mit ihren kurzen Nagetierzähnen in Stücke zu reißen.

»Gelegentlich essen wir sie natürlich. Mein Mann

bereitet jeden Samstagabend ein sehr schmackhaftes Frikassee zu.«

Im selben Augenblick bemerkte ich in einer Ecke des Zimmers eine Bewegung, und ich sah, dass noch eine dritte Person im Raum war. Da der Lichtstrahl der Taschenlampe, die die Frau in der Hand hielt, kurz sein Gesicht streifte, konnte ich erkennen, dass seine Haut schillerte wie das Flitterwerk auf einem Christbaum. Er trug einen roten Schlafrock und saß ganz starr in seinem Winkel, wobei er uns sein Profil zukehrte.

Es schien, als sei ihm unsere Anwesenheit und auch die eines großen weißen Kaninchens, das auf seinem Knie saß und an einem mächtigen Bissen Fleisch kaute, gar nicht bewusst.

Die Frau folgte meinem Blick und gluckste: »Das ist mein Mann. Die kleinen Jungen nennen ihn gewöhnlich Lazarus.«

Als er diesen vertrauten Namen hörte, wandte er uns sein Gesicht zu, und ich sah, dass er eine Binde über den Augen trug.

»Ethel?«, fragte er mit ziemlich dünner Stimme. »Ich will keine Besucher hier. Du weißt doch genau, dass ich das ausdrücklich verboten habe.«

»Aber, aber, mein kleiner Laz, musst nicht gleich aufbrausen«, erwiderte sie mit klagender Stimme. »Du kannst mir doch nicht das bisschen Gesellschaft vorenthalten. Seit mehr als zwanzig Jahren habe ich kein neues Gesicht mehr gesehen. Übrigens hat sie Fleisch für die Kaninchen mitgebracht.«

Sie wandte sich um und bedeutete mir näher zu

treten. »Sie möchten doch bei uns bleiben, nicht wahr, liebe Freundin?«

Ich wurde plötzlich von Entsetzen gepackt und wollte davonrennen, weit weg von diesen furchtbaren silbernen Wesen und ihren Fleisch fressenden weißen Kaninchen.

»Ich glaube, ich muss gehen, es ist Zeit zum Abendessen.«

Der Mann auf dem Stuhl brach in ein schrilles Lachen aus, und das Kaninchen auf seinem Schoß bekam es mit der Angst. Es sprang auf den Fußboden und verschwand.

Die Frau schob ihr Gesicht so nahe an meines, dass ihr kranker Atem mich fast betäubt hätte. »Möchten sie nicht bei uns bleiben und so werden wie wir?«

Ich taumelte und begann zu laufen, das Entsetzen schnürte mir die Kehle zu. Eine infernalische Neugierde trieb mich, in dem Augenblick, als ich die Haustür erreichte, über die Schulter zu blicken. Ich sah, wie die Alte über der Balkonbrüstung mit der Hand herumfuchtelte, und dabei lösten sich ihre Finger und fielen zu Boden wie Sternschnuppen.

*1941*

## Warten

Auf der Straße balgten sich zwei alte Weiber und kniffen sich wie zwei in Wut geratene schwarze Langusten. Ein paar Gaffer sahen ihnen genüsslich zu.

Keiner wusste, wie der Streit begonnen hatte.

Von der anderen Straßenseite aus verfolgte auch eine junge Frau die Prügelei, aber mehr noch beobachtete sie die darüberliegenden Fenster, die nacheinander dunkel wurden. Es war Schlafenszeit, und mit jedem Licht, das erlosch, wurde die Dunkelheit undurchdringlicher.

Die Leute schenkten ihr keine Beachtung mehr, so lange stand sie schon an dieser Stelle. Sie hatten sich an sie gewöhnt wie an ein Hausgespenst. Dabei sah sie höchst wunderlich aus, ihre Kleider waren zu lang und ihre Haare viel zu zerzaust, so als hätte man sie gerade aus dem Wasser gefischt. Kurz vorher hatte ein Passant seine Schritte beschleunigt und die Augen abgewandt: Irgendein geflügeltes Tier war auf ihrem Mund gelandet, und sie hatte nicht mit der Wimper gezuckt.

Das Tier flog jetzt weiter zu anderen Verrichtungen, von denen nur es selber wusste. Der Lippenstift der jungen Frau war ein wenig verschmiert. Sie fragte sich, wie es möglich war, dass die Leute nicht auf der Straße tanzten, dass sie nicht nach diesem eintönigen, so heftigen und beängstigenden Rhythmus tanzten, der in ihren Schläfen pochte und eine wundervolle Musik erzeugte. Vorher hatten sie fortwährend im Takt den Kopf geschüttelt und waren weitergegangen, als hörten sie nichts.

Mit langen Schritten bog eine hochgewachsene Frau um die Straßenecke und blieb nicht weit von ihr stehen. Sie führte zwei große Hunde an der Leine, deren Fell so blond war wie ihre Haare, die, über ihrem Kopf zusammengebunden, einem Tier ähnelten. Die Hunde waren äußerst erregt und zogen sie zu der jungen Frau hinüber.

»Was ist denn?«, rief sie. »Zu so später Stunde …« Sie beugte sich vor, und es schien, als spräche sie mit den Hunden. »Wissen Sie«, sagte sie dann, »schon seit Stunden gebärden sie sich so, diese verfluchten Köter … Sie waren es, die mich hierher gezogen haben.«

»Ich warte auf Fernando.«

»Und Sie haben keine Tränen mehr zum Weinen?«

»Nein, ich habe keine mehr«, gestand die junge Frau. »Ich habe alles versucht, ich habe mich in die Brust gezwickt und an den Tod gedacht: umsonst. Da bin ich hierher gekommen.«

Die Blonde nahm einen pelzgefütterten Mantel von ihrem Arm und legte ihn der anderen um die Schultern.

»Kommen Sie«, sagte sie, »man muss frei werden, frei zum Töten und zum Schreien, frei, ihm die Haare auszureißen, und frei, aus keinem anderen Grund loszurennen, als um lachend zurückzukehren.«

»Seine Haare sind sehr lang und dick. Sie sind fast blau, graublau. Ich mag sie sehr.«

Sie versank wieder in anbetendes Schweigen.

»Ich könnte Sie ohrfeigen«, stieß die Blonde ärgerlich aus. »Sie können doch niemanden lieben, bevor Sie Blut vergossen und die Finger hineingetaucht haben, und das mit Wonne.«

Die großen blonden Hunde zogen sie fort und zerrten sie manchmal kreuz und quer über die Straße, von einem Unrathaufen zu einem anderen, noch verlockenderen.

»Ich heiße mit Vornamen Elisabeth«, sagte die Blonde. »Ein schöner Vorname, der ganz ausgezeichnet zu mir passt.«

»Ich heiße Margaret«, sagte die junge Frau traurig. »Margaret.«

»Margaret, das klingt schön«, verkündete Elisabeth mit schallendem, triumphierendem Lachen, das die Hunde emporschnellen ließ wie zwei Vollblutpferde.

»Noch nicht«, schrie Elisabeth, »nein, noch nicht … In kleinen Dingen gehorchen sie immer mir, aber sonst gehorche ich ihnen … Ich lasse mich führen, ich vertraue ihnen blind.«

Die Hunde zerrten sie zu einem reizenden kleinen Platz mit Bäumen ringsum und Häusern mit eleganten Fenstern; sie steuerten geradewegs auf die Nummer 7 zu. Sie stürmten hinein und rannten eine ziemlich düstere Marmortreppe hinauf – immer höher bis zum obersten Treppenabsatz, und zuletzt schlüpften sie durch eine kleine, blau gestrichene Tür in eine winzige Diele, in der überall herrlich bunte, aber ein wenig schmutzige Kleidungsstücke herumlagen. Durch ihr plötzliches Eindringen scheuchten sie einen Schwarm riesiger Motten auf, die sich in aller Ruhe an den besterhaltenen Pelzmänteln gütlich getan hatten. Irgendwo ließ eine Spieldose eine uralte Melodie erklingen.

»Die Vergangenheit«, sagte Elisabeth und nahm den Hunden die Halsbänder ab, »die Vergangenheit ist lebendig, sie ist wundervoll. Man sollte sich ihr ganz hingeben, nichts anderes tun, als in ihr zu schwelgen. Wie kann man eine hervorragende Persönlichkeit sein und sich aus Gründen der ›Vernunft‹ und der ›Hygiene‹ seiner Phantome entledigen?«

Grimmig wandte sie sich zu Margaret um und lachte ihr ins Gesicht.

»Sind Sie so naiv zu glauben«, fuhr sie fort, »dass die Vergangenheit stirbt?«

»Ja«, sagte Margaret, »ja, wenn die Gegenwart ihr die Gurgel durchschneidet.«

»Diese kleinen weißen Hände könnten niemandem die Gurgel durchschneiden.« Elisabeth lachte so laut, dass sie rings im Zimmer umhertaumelte.

»Wie alt ist Fernando?«, fragte sie plötzlich. »Älter als Sie?«

»Ja«, sagte Margaret, die einen gequälten Eindruck machte, »Fernando ist dreiundvierzig.«

»Dreiundvierzig, das ergibt in der Quersumme sieben … Eine schöne Zahl.«

Die Hunde wälzten sich wollüstig zwischen den Seidenkleidern und Pelzen umher.

Elisabeth zog Margaret mit in die Küche, wo der seit langem erloschene Herd mit Geschirr vollgestopft war, das zur Hälfte oder bis zum Rand mit etwas Grünem gefüllt war, das wie Nahrung aussah. Und Margaret bemerkte, dass das, was sich da an der Oberfläche von

Speisen, die das Stadium der Fäulnis bereits überschritten hatten, samtartig ausbreitete, ein Wald von Pilzen war. Die meisten Steinzeugfliesen auf dem Boden waren von derselben flaumigen Vegetation bedeckt.

»Wir haben gerade erst zu Abend gegessen«, sagte Elisabeth, »ich koche immer zu viel. Wissen Sie, gewöhnliche Mahlzeiten mag ich nicht sonderlich, ich tafele nur.« Sie stieß einen Löffel in die nächststehende Schüssel, nachdem sie ihn vorher einer genauen Untersuchung unterzogen hatte. »Er ist neulich, als ich das Geschirr abspülte, ins Waschbecken gefallen«, erklärte sie. »Haben Sie Hunger?« Margaret verneinte. »Dann kommen Sie«, sagte Elisabeth, »wir wollen ein wenig plaudern ...«

Von Neuem ließ sich die Spieldose vernehmen, und Margaret entsann sich der Melodie, denn Fernando hatte sie nie ausstehen können. Er lasse sich lieber siedendes Öl in die Ohren träufeln, hatte er einmal gesagt, als diese Melodie zu hören. Ihr Titel lautete *Ich werde immer wiederkommen.*

Die weinroten Wände des dritten Zimmers waren stockfleckig. Es herrschte hier ein vielleicht noch größeres Durcheinander als in der Küche und in der Diele; das Bett war zerwühlt: Es schien noch warm von den Umarmungen zweier Liebender.

Elisabeth stand in der Tür und blickte lächelnd auf das Bett herab, dann beugte sie sich vor, ergriff einen atlasseidenen Pantoffel und warf ihn quer durch das Zimmer. Margaret stieß einen Schrei aus: Zwei Mäuse sprangen aus den zerknitterten Bettlaken hervor und huschten mit jener geschmeidigen, reptilartigen Schnelligkeit, die so vielen Frauen Entsetzen einflößt, an der Tagesdecke entlang auf den Boden herab.

»Hier hat man sich so oft geliebt, dass sogar die Mäuse zurückkommen«, sagte Elisabeth.

»Es ist dasselbe wie beim Ticken einer Uhr. Man muss gut aufpassen, um es zu hören, und wenn man einmal hinhorcht, kann man nicht mehr aufhören.«

»Ja«, sagte Margaret, »ja, das stimmt.« Sie rieb sich fortwährend die Hände an ihrem Rock; sie waren feucht. Die beiden Hunde saßen am Fußende des Bettes; sie lauschten.

»Ich habe immer Watte in den Ohren«, fuhr Elisabeth fort, »sonst werde ich von den Geräuschen draußen abgelenkt. Ich bin nur ein Mensch, bei denen da ist das anders …« (Sie sah auf die Hunde.) »Die Zehennägel schneide ich ihm selber.« (Margaret wusste plötzlich, dass sie mit jemand anderem sprach.) »Und ich kenne jeden Zoll seines Körpers und den Unterschied zwischen dem Geruch seiner Haare und dem Geruch seiner Haut.«

»Von wem reden Sie?«, entfuhr es Margaret.

»Ich würde seine Geräusche oder seinen Geruch noch hundert Jahre, nachdem er vorübergegangen ist, wiedererkennen. Ich kenne sogar den Geruch seines Blutes.«

»Nein. Sie meinen doch nicht Fernando?«, stieß Margaret hervor.

»Doch, Fernando«, erwiderte Elisabeth. »Wen denn sonst?«

*1941*

## Das siebente Pferd

Mitten in einem Dornengestrüpp zappelte ein seltsames Geschöpf. Es hatte sich mit seinen langen Haaren verfangen, die so unentwirrbar mit dem Gestrüpp verfilzt waren, dass es weder vor noch zurück konnte. Es fluchte und zappelte derart heftig, dass ihm das Blut am ganzen Leib herablief.

»So etwas sehe ich nicht gern«, sagte eine der beiden Damen, die gerade einen Rundgang durch den Rosengarten machen wollten. »Es könnte eine junge Frau sein … und doch …«

»Das ist mein Garten«, erwiderte die andere, die klein und spindeldürr war. »Und ich hasse es, wenn man widerrechtlich fremdes Eigentum betritt. Vermutlich war es mein Mann, dieser arme Schwachkopf, der diese da hereingelassen hat. Er ist wie ein Kind, wissen Sie.«

»Ich bin schon jahrelang hier«, schrie jähzornig das Geschöpf, »aber Sie sind ja so blöde, dass Sie mich nicht gesehen haben.«

»Auch noch unverschämt«, bemerkte die erste Dame, die man Fräulein Myrte nannte. »Ich finde, Sie sollten lieber den Gärtner rufen, Mildred. Meiner Meinung nach ist es nicht ganz ungefährlich, so nahe heranzugehen. Diese Kreatur weiß sich anscheinend nicht zu mäßigen.«

Wutentbrannt und aus Leibeskräften riss Hevalina

The Floor 4706th, 1958, Öl auf Leinwand, 50,5 x 50,5 cm, Privatsammlung

an ihrer Mähne, so als wollte sie sich auf Mildred und ihre Begleiterin stürzen. Die beiden Damen machten schleunigst kehrt, nachdem Hevalina und sie einander einen langen, hasserfüllten Blick zugeworfen hatten.

So nahm der Frühlingsabend seinen Fortgang, bis endlich der Gärtner kam und Hevalina die Freiheit zurückgab. »John«, sagte Hevalina, im Gras liegend, »kannst du bis sieben zählen? Weißt du, dass ich siebenundsiebzig Millionen Jahre lang hassen kann, ohne Luft zu holen? Sag diesen armen Leuten, dass ihr Schicksal besiegelt ist.« Mit schleppendem Schritt trollte sie sich zu den Pferdeställen, wo sie wohnte, und brummte dabei vor sich hin: »Siebenundsiebzig, siebenundsiebzig …«

Es gab Winkel im Park, wo die Blumen, Bäume und Pflanzen wirr ineinanderwuchsen. Selbst an den heißesten Tagen herrschte hier eine blaue Finsternis. Man stieß dort auf vergessene, moosüberwucherte Statuen, stille Springbrunnen und altes, weggeworfenes Spielzeug mit zerbrochenen Köpfen. Niemand setzte seinen Fuß dorthin – außer Hevalina. Sie kniete gern hier nieder, um das kurze Gras abzuweiden und ein dickleibiges, faszinierendes Federtier zu beobachten, das niemals aus seinem Schatten hervortrat: Es ließ ihn mit dem Tageslicht um sich herumwandern, um sich herum auch in den Mondnächten. Immer saß es da und sperrte weit seinen behaarten Schnabel auf. Unablässig verschwanden in ihm Nachtfalter und kleine Insekten und flogen wieder aus ihm hervor.

Hevalina kam noch in der Nacht auf jenen Tag, an dem man sie in den Dornensträuchern überrascht hatte, an diesen Ort. Ein Gefolge von sechs Pferden begleitete sie. Schweigend umkreisten sie siebenmal das dicke Vogeltier.

»Wer läuft da herum?«, fragte der Vogel schließlich mit pfeifender Stimme.

»Ich bin's, Hevalina, mit meinen sechs Pferden.«

Ächzend kam die Antwort:

»Ihr hindert mich am Schlafen mit eurem Getrappel und Geschnaube. Wenn ich meinen Schlaf nicht bekomme, verliere ich meine Gabe, in die Zukunft und in die Vergangenheit zu blicken. Geht weg, lasst mir meinen Schlaf, sonst gehe ich zugrunde.«

»Sie werden kommen, um dich zu töten«, sagte Hevalina. »Es wäre besser für dich, wenn du wach bliebest. Ich habe jemanden sagen hören, du würdest in Schweineschmalz gebraten, mit Zwiebeln und Petersilie gefüllt und dann aufgegessen.«

Das beleibte Federvieh warf Hevalina, die es sich aus der Nähe ansah, einen angstvollen Blick zu. »Woher weißt du das?«, keuchte der Vogel. »Nun sag's mir schon endlich.«

»Du bist viel zu fett, um zu fliegen«, fuhr Hevalina ungerührt fort. »Würdest du es versuchen, sähest du aus wie eine dicke Kröte, die ihren Totentanz aufführt.«

»Woher weißt du es?«, schrie der Vogel. »Man weiß doch gar nicht, wo ich bin. Ich bin seit siebenundsiebzig Jahren hier.«

»Noch weiß man es nicht … noch nicht…« Hevalina blieb mit ihrem Gesicht ganz nahe an dem geöffneten Schnabel; sie hatte die Lippen aufgeworfen, und der Vogel konnte ihre langen Wolfszähne sehen.

Der kleine, fette Körper zitterte wie ein Wackelpudding: »Was wollt ihr von mir?« Der Anflug eines Lächelns huschte über Hevalinas Gesicht: »Aha, das klingt schon besser!« Die sechs Pferde neben ihr bildeten einen Kreis um den Vogel und sahen ihn mit ihren hervorstehenden, erbarmungslosen Augen an.

»Ich möchte genau wissen, was im Haus vor sich geht«, sagte Hevalina. »Und beeil dich!«

Niedergeschlagen blickte der Vogel um sich, doch die Pferde hatten sich auf dem Boden niedergelassen. Eine Fluchtmöglichkeit gab es nicht. Ihm brach der kalte Schweiß aus, und seine Federn klebten klatschnass auf seinem kugelrunden Bauch.

»Ich kann nicht sprechen«, sagte er schließlich mit halb erstickter Stimme. »Etwas Entsetzliches wird uns widerfahren, wenn ich sage, was ich sehe.«

»In Schweineschmalz gebraten und dann aufgegessen«, sagte Hevalina.

»Du bist wahnsinnig, Dinge erfahren zu wollen, die dich nichts angehen.«

»Ich warte«, sagte Hevalina.

Ein langes, krampfhaftes Beben schüttelte den Vogel, und er wandte seine Augen, die aus ihren Höhlen getreten und blind geworden waren, nach Osten.

»Sie sitzen zu Tisch«, sagte er schließlich. Und ein

großer, dunkler Schmetterling flatterte aus seinem Schnabel.

»Der Tisch ist für drei Personen gedeckt. Mildred und ihr Mann haben angefangen, ihre Suppe zu essen. Sie sieht ihn argwöhnisch an: ›Ich habe heute etwas Garstiges im Garten gefunden‹, sagt sie und legt ihren Löffel beiseite. (Ich frage mich, ob sie jetzt noch weiteressen wird.) Er fragt: ›Was war es denn? Warum schaust du so wütend drein?‹ Jetzt ist auch Fräulein Myrte ins Zimmer getreten. Ihr Blick wandert vom einen zum anderen. Sie scheint zu erraten, worüber gesprochen wird, denn sie sagt: ›Ja, wirklich, Philip, Sie sollten besser darauf achten, wen Sie in den Garten lassen.‹ ›Wovon redet ihr eigentlich?‹, sagt er wütend. ›Wie soll ich Gott weiß was anders machen, wenn ich überhaupt nicht weiß, worum es geht?‹ ›Es war ein unerfreulich anzusehendes Geschöpf, halb nackt und in ein Dornengestrüpp verfangen. Ich musste die Augen abwenden.‹ ›Ihr habt dieses Geschöpf doch sicher freigelassen?‹ ›Natürlich nicht. Außerdem geschieht es ihm meiner Meinung nach ganz recht, dass es auf diese Weise in die Klemme geraten ist. Nach seinem grausamen Gesichtsausdruck zu urteilen, neige ich zu der Ansicht, dass es uns übel zugerichtet hätte.‹ ›Was? Ihr habt dieses arme Geschöpf in den Dornen hängen gelassen? Mildred, es gibt Augenblicke, da bin ich empört über dich. Ich habe genug davon zuzusehen, wie du dich im Dorf mit Albernheiten herumschlägst und die armen Leute mit deinen Vorträgen über die Religion anödest, und jetzt, da du in deinem eigenen Garten ein so bemitleidenswertes Wesen findest, fällt dir nichts

Besseres ein, als vor erheuchelter Scham zu erschauern.‹ Mildred schreit empört auf und bedeckt ihr Gesicht mit ihrem etwas schmutzigen Taschentuch: ›Philip, warum sagst du mir, deiner Frau, so grausame Dinge?‹ Mit dem Tonfall eines Menschen, der sich, so verärgert er auch ist, mit einer Sache abfindet, fragt Philip: ›Versuche, dieses Geschöpf zu beschreiben. War es ein Tier? Eine Frau?‹ ›Ich kann nicht weitersprechen‹, schluchzt seine Frau, ›nach dem, was du mir gesagt hast, fühle ich mich elend.‹ ›Sie sollten rücksichtsvoller sein‹, tuschelt Fräulein Myrte. ›In ihrer heiklen Situation …‹ ›Was soll das heißen: heikle Situation?‹, fragt Philip gereizt. ›Ich will, dass man ausspricht, was man sagen will.‹ ›Nun, Sie werden doch sicher wissen‹, entgegnet Fräulein Myrte gespreizt, ›dass Sie in Kürze Papa werden …‹ Philip wird bleich vor Zorn: ›Ich werde diesen blödsinnigen Unwahrheiten nicht Vorschub leisten. Es ist ganz und gar unmöglich, dass Mildred ein Kind erwartet. Seit sage und schreibe fünf Jahren hat sie nicht mein Bett beehrt, und sofern nicht der Heilige Geist in diesem Hause weilt, sehe ich nicht, wie das zugegangen sein soll. Denn Mildred ist unangenehm tugendhaft, und ich kann sie mir wirklich nicht in den Armen irgendeines Mannes vorstellen.‹ ›Ist das wahr, Mildred?‹, fragt Fräulein Myrte und harrt, vor Wonne erbebend, auf eine Antwort. Mildred aber schreit auf und schluchzt: ›Er lügt. In drei Monaten bekomme ich ein reizendes kleines Baby.‹

Philip wirft seinen Löffel und seine Serviette auf den Tisch und springt auf: ›Zum siebten Mal in sieben Tagen werde ich mein Abendessen oben beenden‹, sagt er. Und er hält einen Augenblick inne, als hätten seine Worte eine Erinnerung in ihm geweckt. Er schiebt sie von sich und schüttelt den Kopf: ›Ich bitte dich nur um eines: Flenne nicht hinter mir her‹, sagt er zu seiner Frau. Und er verlässt das Zimmer. Sie weint: ›Philip, mein liebster, kleiner Gemahl, komm zurück und iss deine Suppe, ich verspreche dir, nicht mehr böse zu sein.‹ ›Zu spät‹, tönt Philips Stimme aus dem Treppenhaus. ›Jetzt ist es zu spät.‹ Langsam steigt er zu den oberen Räumen hinauf, die Augen in die Ferne gerichtet. Seine Gesichtszüge sind angespannt, so als bemühe er sich, weit entfernt miteinander sprechende Stimmen zu hören, Stimmen im Zwischenbereich zwischen dem Albtraum und einer entschwundenen Wirklichkeit. Er gelangt zum Dachboden, wo er sich auf einen alten Koffer setzt. Ich glaube, der Koffer ist voll von abgelegten Spitzen, Falbelhosen und Kleidern. Aber alles ist alt und zerrissen, eine schwarze Motte tut sich daran gütlich, während Philip dasitzt und starr auf das Fenster blickt. Er betrachtet ein ausgestopftes Stachelschwein, das auf dem Kaminsims steht und ganz erschöpft aussieht, so als habe es viel durchgemacht. Philip scheint von der Atmosphäre auf dem Speicher erstickt zu werden; sperrangelweit reißt er das Fenster auf und stößt einen langen ...«

Hier brach der Vogel ab, und ein lang anhaltendes, beklemmendes Wiehern zerriss die Nacht. Die sechs Pferde sprangen auf die Beine und gaben mit ihren gellenden Stimmen Antwort. Hevalina verharrte in völliger Regungslosigkeit, die Lippen aufgeworfen, die

Nüstern bebend. »Philip, der Pferdefreund…« Mit Donnergetöse rannten die sechs Pferde zu den Ställen hinüber, als gehorchten sie einem vor unvordenklichen Zeiten erlassenen Befehl. Seufzend und vor Entsetzen erschaudernd, lief Hevalina mit wehenden Haaren hinter ihnen drein.

Philip stand an der Stalltür, als sie ankamen. Sein Gesicht leuchtete wie Schnee. Er zählte sieben Pferde, als sie vorbeigaloppierten, das siebente packte er an der Mähne und schwang sich auf seinen Rücken. Die Stute galoppierte sich das Herz aus dem Leibe. Bei all dem war Philip in einen Liebesrausch versunken; er fühlte, dass er auf dieser schönen schwarzen Stute größer geworden war und dass sie zusammen nur noch ein einziges Wesen bildeten.

Beim ersten Grauen der Morgendämmerung waren alle Pferde wieder an ihrem Platz. Der kleine, runzlige Stallknecht striegelte sie und befreite sie von dem schweißverklebten Staub der Nacht. Auf seinem zerknitterten Gesicht lag ein wissendes Lächeln, als er mit größter Sorgfalt seine Schützlinge abrieb. Er schien den Herrn nicht zu bemerken, der allein in einer leeren Box stand. Aber er wusste, dass er da war.

»Wie viele Pferde habe ich?«, fragte Philip schließlich.

»Sechs, Herr«, entgegnete, immer noch lächelnd, der kleine Stallknecht.

In dieser Nacht fand man unweit der Pferdeställe den Leichnam Mildreds. Es sah aus, als sei sie zu Tode getrampelt worden … und dabei »sind sie allesamt so sanft wie Lämmer«, wie der kleine Stallknecht sagte.

War Mildred schwanger? Es hatte jedenfalls nicht den Anschein, als man sie in einen würdigen, schwarzen Sarg legte; doch niemand wusste die Anwesenheit eines kleinen, missgestalteten Fohlens zu erklären, das seinen Weg zu der leerstehenden siebenten Box gefunden hatte.

*1941*

## Der Unscheinbare

Obwohl ich mir immer geschworen hatte, über diese Episode Stillschweigen zu bewahren, konnte ich schließlich nicht anders und schrieb sie nieder. Da jedoch der Ruf gewisser sehr prominenter Ausländer von der Sache berührt wird, sehe ich mich gezwungen, erfundene Namen zu verwenden, was aber niemanden tarnen kann, denn jeder Leser, der mit den Lebensgewohnheiten der Briten in tropischen Ländern vertraut ist, wird in allen Fällen mühelos herausfinden, um wen es sich handelt.

Ich erhielt eine Einladung, in der ich gebeten wurde, an einem Maskenball teilzunehmen. In meinen alltäglichen Gewohnheiten aufgestört, beschmierte ich mir das Gesicht mit einer elektrisch-grünen, phosphoreszierenden Pomade. Auf diese Unterlage streute ich winzig kleine, falsche Diamanten, um ohne besondere Absichten wie ein bestirnter Nachthimmel auszusehen.

Dann drängte ich mich nervös in ein öffentliches Verkehrsmittel, das mich hinaus in die Umgebung der Stadt, zum General-Epigastro-Platz brachte. Dieser Platz wurde von einer prächtigen Reiterbüste des berühmten Soldaten überragt. Der Künstler, der das schwierige Problem, das die Gestaltung dieses Denkmals aufwarf, zu lösen verstand, hat sich für eine kühne, archaische Schlichtheit entschieden, indem er ganz einfach ein wunderschönes Bildnis in Form einer Büste des Pferdes schuf, das einst dem General gehörte. So bleibt der Generalissimus Don Epigastro in der Vorstellung der Öffentlichkeit lebendig.

Das Schloss von Mister MacFrolick nahm die gesamte westliche Seite des General-Epigastro-Platzes ein. Ein indischer Diener führte mich in eine große, im Barockstil dekorierte Empfangshalle. Ich stand inmitten einer etwa hundertköpfigen Gästeschar. Es herrschte eine ziemlich gespannte Atmosphäre, und mir wurde bald klar, dass ich als Einzige die Einladung völlig ernst genommen hatte: Außer mir war niemand verkleidet.

»Sie haben doch bestimmt«, sagte der Hausherr, Mister MacFrolick, zu mir, »die heimtückische Absicht gehabt, wie eine gewisse tibetanische Prinzessin, die Mätresse eines Königs, auszusehen, der von den düsteren Ritualen des Bön beherrscht war, die zum Glück schon in der ältesten Antike verloren gegangen sind, nicht wahr? Ich zögere ein wenig, in Gegenwart der Damen von den abscheulichen Taten der Grünen Prinzessin zu erzählen. Es mag genügen zu erwähnen, dass sie unter mysteriösen Umständen starb, über die im Fernen Osten noch verschiedene Legenden in Umlauf sind. Die einen behaupten, der Leichnam sei von Bienen fortgeschafft worden, die ihn noch heute in durchsichtigem Honig aus Venusblumen aufbewahren. Die anderen sagen, in dem bemalten Sarg habe sich nicht die Prinzessin, sondern der Körper eines frauengesichtigen Kranichs befunden. Wieder andere versichern, die Prinzessin werde in Gestalt einer Sau zurückkehren.«

Mister MacFrolick unterbrach sich plötzlich und starrte mich durchdringend an: »Mehr will ich nicht verraten, Madam«, sagte er, »denn wir sind katholisch.«

Verwirrt verzichtete ich auf jede weitere Erklärung und senkte den Kopf: Ein Sturzbach von kaltem Schweiß rann mir von der Stirn auf die Füße. Mister MacFrolick beobachtete mich mit trübem Blick. Er hatte bläuliche Äuglein und eine dicke, wulstige, leicht aufwärts gebogene Nase. Es war schwierig, darüber hinwegzusehen, dass dieser überaus vornehme, fromme Mann mit seinem untadeligen Lebenswandel das menschliche Ebenbild eines großen weißen Schweins war. Ein gewaltiger Schnauzbart hing auf sein fleischiges, aber ein wenig fliehendes Kinn herab. Ja, Mister MacFrolick ähnelte einem Schwein, aber einem schönen, einem frommen und vornehmen Schwein. Noch während mir diese gefährlichen Gedanken hinter meinem grünen Gesicht durch den Kopf gingen, ergriff ein junger, keltisch aussehender Mann meine Hand und sagte:

»Kommen Sie, Madam, quälen Sie sich nicht. Wir alle haben eine fatale Ähnlichkeit mit der Tierwelt. Gewiss ist Ihnen bewusst, dass Ihr eigenes Aussehen an das eines Pferdes erinnert, also … also quälen Sie sich nicht, alles ist verworren und unklar auf unserem Planeten. Kennen Sie Mister D.?«

»Nein«, sagte ich sehr verwirrt, »ich kenne ihn nicht.«

»D. ist hier heute Abend«, fuhr der junge Mann fort. »Er ist Magier, und ich bin sein Schüler. Sehen Sie nur, da sitzt er gerade, dort neben der dicken Blondine im violetten Atlaskleid. Sehen Sie ihn?«

Ich sah einen Mann von derart unscheinbarem Aussehen, dass er einem in die Augen sprang wie ein sphinxköpfiger Lachs in einem belebten Hauptbahnhof. Das außerordentlich Neutrumhafte dieser Person wirkte so widerwärtig, dass ich auf einen Stuhl zutaumelte.

»Möchten Sie D. kennenlernen?«, fragte der junge Mann. »Er ist eine sehr bedeutende Persönlichkeit.« Ich wollte gerade antworten, als eine Frau, die wie eine Schäferin des Sonnenkönigs aussah und äußerst unfreundlich dreinblickte, mich an der Schulter fasste und schnurstracks in den Spielsaal drängte.

»Wir brauchen eine vierte Spielerin zum Bridge«, sagte sie. »Sie spielen doch sicher Bridge.« Das tat ich durchaus nicht, aber vor lauter Entsetzen sagte ich nichts. Am liebsten wäre ich davongerannt, doch ich traute mich nicht, und so erklärte ich, ich könne wegen einer Allergie am kleinen Finger der linken Hand nur mit Filzkarten spielen. Draußen spielte das Orchester einen Walzer, den ich derart abscheulich fand, dass ich nicht den Mut aufbrachte zu sagen, ich hätte Hunger. Ein hoher kirchlicher Würdenträger, der rechts von mir saß, zog aus den Tiefen seiner üppigen purpurnen Gewandungen ein Schweinekotelett hervor.

»Da, nehmen Sie, meine Tochter«, sagte er. »Die Nächstenliebe ergießt ihre Barmherzigkeit auch über Katzen, Arme und grüngesichtige Frauen.« Ich war keineswegs begierig auf das Kotelett, das sicher schon sehr lange am Bauch des Geistlichen verweilt hatte, aber ich nahm es in der Absicht, es draußen im Garten zu vergraben. Als ich es hinaustrug, umgab mich die Nacht, in der nur der Planet Venus ein schwaches Licht verbreitete. Ich vertrat mir in der Nähe eines abgestellten Springbrunnens, der voll ohnmächtig gewordener Bienen war, ein wenig die Füße, als plötzlich der Zauberer, der Unscheinbare, vor mir stand.

»Na, ein kleiner Spaziergang?«, fuhr er mich mit einem Ausdruck tiefster Verachtung an. »Es ist immer dasselbe mit diesen im Ausland lebenden Engländern: Sie langweilen sich zu Tode.«

Schüchtern gestand ich, dass ich auch Engländerin sei, aber der Unscheinbare lachte nur höhnisch auf: »Es ist wohl kaum Ihre Schuld, dass Sie Engländerin sind«, sagte er. »Der angeborene Schwachsinn der Bewohner der Britischen Inseln ist ihnen so sehr in Fleisch und Blut übergegangen, dass sie selber ihn gar nicht mehr bemerken. Die geistigen Krankheiten der Engländer sind Fleisch oder besser: Schweinesülze geworden.« Ein wenig verärgert erwiderte ich, es regne zwar viel in England, aber immerhin habe dieses Land die besten Dichter unseres Planeten hervorgebracht. Um das Thema zu wechseln, sagte ich: »Ich habe vorhin einen Ihrer

Schüler kennengelernt. Er sagte mir, Sie seien ein Adept der Magie.«

»Allerdings«, sagte der Unscheinbare, »ich bin ein spiritueller Lehrer, ein Eingeweihter, wenn Sie so wollen, doch dieser arme Junge wird es nie zu etwas bringen. Sie müssen wissen, meine Ärmste, der esoterische Weg ist hart und mit Katastrophen gepflastert. Viele sind berufen, aber nur wenige sind auserwählt. Ich rate Ihnen, bleiben Sie bei Ihren reizenden weiblichen Torheiten und vergessen sie alles, was einer höheren Ordnung der Dinge angehört.«

Während der Unscheinbare mit mir sprach, bemühte ich mich, das Schweinekotelett verschwinden zu lassen, dessen ekliges Fett mir zwischen den Fingern hindurchtropfte. Es gelang mir, es in meine Handtasche zu stecken. Ich war erleichtert, denn ich begriff, dass dieser Mann mich niemals für voll nehmen würde, wenn er erführe, dass ich mit Koteletts herumlief. Dennoch und obwohl ich einen guten Eindruck auf ihn machen wollte, fürchtete ich den Mann wie die Pest.

»Ich möchte gern etwas über Ihre Magie erfahren und vielleicht sogar bei Ihnen studieren. Bislang ...«

Mit einer prachtvollen Gebärde schnitt er mir das Wort ab: »ES GIBT NICHTS«, sagte er. »Versuchen Sie, das zu begreifen: *Es gibt nichts, absolut nichts.*«

Im gleichen Augenblick hatte ich das Gefühl, in einer undurchdringlichen, farb- und ausweglosen Masse zu verdunsten. Als ich wieder zu Atem kam, war der Unscheinbare verschwunden. Ich wollte nach Hause, doch ich fand mich nicht zurecht in diesem Garten, der erfüllt war vom schweren Wohlgeruch einer bestimmten Staude, die man hier »Duft der Nacht« nennt. Ich irrte ziemlich lange über die Parkwege, bis ich schließlich vor einem Turm stand, durch dessen halb geöffnete Tür ich eine Wendeltreppe sah. Aus dem Inneren des Turms rief jemand nach mir. Ich stieg die Treppe hinauf und dachte, dass ich im Grunde nicht mehr viel zu verlieren hatte. Ich war viel zu einfältig, um davonzurennen wie der Hase mit den dreieckigen Zähnen. Bitter dachte ich: ›In diesem Augenblick bin ich ärmer als eine Bettlerin, obwohl die Bienen alles getan haben, um mich zu warnen. Nun habe ich den Honig eines ganzen Jahres und dazu noch Venus am Himmel verloren.‹

Am oberen Ende der Treppe lag das Privatgemach von Mister MacFrolick. Er empfing mich zuvorkommend, und ich wusste mir diese Veränderung in seinem Benehmen nicht zu erklären. Mit einer Gebärde, aus der die Höflichkeit längst vergangener Zeiten sprach, reichte mir Mister MacFrolick eine (ziemlich zarte) Fayenceschale, in der sein eigener Schnurrbart lag. Ich zögerte, den Bart anzunehmen, denn ich dachte, er wünsche vielleicht, ich solle ihn aufessen. ›Das ist ja ein ganz Ausgefallener‹, sagte ich mir. Rasch dachte ich mir eine Ausrede aus: »Ich bin Ihnen sehr verbunden, Sir, aber ich habe keinen Hunger mehr, nachdem ich von dem leckeren Kotelett gekostet habe, das mir der Herr Bischof freundlicherweise angeboten hat …«

MacFrolick schien leicht gekränkt: »Madam«, sagte er, »dieser Schnurrbart ist durchaus nicht zum Essen gedacht, er ist eine Erinnerung an diesen Sommerabend, und ich wagte mir vorzustellen, Sie würden ihn vielleicht in irgendeiner passenden Schatulle verwahren. Ich muss hinzufügen, dass dieser Schnurrbart keinerlei magische Kraft besitzt, sondern dass er sich nur aufgrund seiner beträchtlichen Größe von gewöhnlichen Dingen unterscheidet.« Als mir klar wurde, dass ich ins Fettnäpfchen getreten war, nahm ich den Schnurrbart und schob ihn vorsichtig in meine Handtasche, wo er sogleich an dem ekligen Schweinekotelett festklebte. Dann stieß mich MacFrolick auf den Diwan, stützte sich schwer auf meinen Bauch und flüsterte mir ins Ohr: »Grüne Frau, Sie müssen wissen, dass es verschiedene Arten von Magie gibt: die schwarze Magie, die weiße Magie und die schlimmste von allen: die graue Magie. Ich muss Ihnen unbedingt mitteilen, dass sich heute Abend ein gefährlicher Graumagier unter uns befindet, ein Mann namens D. Dieser Mensch, dieser Vampir mit den samtweichen Worten ist für den Mord an zahlreichen Seelen, menschlichen und anderen, verantwortlich. Mehrfach ist D. durch die Mauern hindurch in dieses Schloss eingedrungen, um uns unsere Lebenssubstanz zu rauben.«

Nur mit Mühe unterdrückte ich ein flüchtiges Lächeln, denn ich lebe seit Langem an der Seite eines Vampirs aus Transsylvanien, und meine Schwiegermutter, eine Werwölfin, hat mir alle kulinarischen Geheimnisse beigebracht, die vonnöten sind, um die gefräßigsten Vampire zu erquicken und satt zu machen.

MacFrolick lehnte sich noch fester auf mich und zischte:

»Ich muss mir D. unbedingt vom Hals schaffen. Leider verbietet die Kirche privaten Mord. Deshalb bin ich gezwungen, Sie zu bitten, mir behilflich zu sein. Sie sind Protestantin, nicht wahr?«

»Keineswegs«, entgegnete ich, »ich bin überhaupt keine Christin, Mister MacFrolick. Außerdem habe ich keine Lust, D. umzubringen, selbst wenn ich die kleinste Möglichkeit dazu hätte, ehe er selber mich zehnmal zu Hackfleisch macht.«

MacFrolicks Gesicht verzerrte sich wütend:

»Dann gehen Sie!«, brüllte er. »Ich empfange keine Ungläubigen. Gehen Sie, Madam!«

Ich rannte davon, so schnell die Treppe es zuließ, während MacFrolick sich aus seiner Tür beugte und in einer Terminologie hinter mir her schimpfte, die für einen so gottesfürchtigen Mann sehr reichhaltig war.

Ein eindeutiges Ende hat diese Geschichte nicht, die ich hier als einfachen Vorfall aus dem letzten Sommer erzähle. Sie hat kein Ende, weil das Ereignis authentisch ist, alle beteiligten Personen noch am Leben sind und weiter ihrem Schicksal folgen. Alle bis auf den Geistlichen, der im Schwimmbad des Schlosses auf tragische Weise ertrank: Es heißt, er sei von Sirenen, die als Chorknaben verkleidet waren, ins Wasser gelockt worden.

Mister MacFrolick hat mich nie wieder in sein Schloss eingeladen, aber man versichert mir, er sei bei guter Gesundheit.

*Anfang der 1950er Jahre*

The Ancestor, 1968, Öl auf Leinwand,
64 x 40 cm, Privatsammlung

## Das Sandkamel

Zwei Knaben mit Namen A. und B. lebten zusammen mit der Alten Großmutter im Wald. Die Alte Großmutter war stets schwarz gekleidet wie ein Regenschirm, und sie hatte einen kleinen Kopf, so rund und rot wie ein Apfel. Auch ihre Toilettenseife und ihre Pyjamas waren schwarz: Es war ihre Lieblingsfarbe.

A. und B. gingen in den Wald und spielten im weißen Sand, sie bauten daraus ein Kamel. Als dieses Kamel fertig war, hatte es einen so lebendigen Blick, dass A. und B. sagten: »Das Kamel lebt, es hat den bösen Blick.«

Das stimmte, aber da begann es zu regnen, und das Kamel löste sich in ein Rinnsal aus Sand auf.

»Das geschieht ihm recht«, sagte die Großmutter. »Dieses Kamel hat mir wegen seines Blicks nicht gefallen.«

Aber in das nächste Kamel mischten A. und B. ein wenig Butter, und es hatte noch viel bösere Augen als das erste. Es blieb im Regen unversehrt.

»Wenn man etwas Magisches mit ihm anstellt«, sagte B., »wird es sich auf seine Beine stellen.« Das erschien ihnen ganz zweckmäßig, da sie keinen Hund besaßen. Da flog der Rabe vom Baum herab und sagte: »*Ich* weiß, welchen Zauber man mit dem Kamel anstellen muss.« So kratzte er mit seinem Fuß ein paar Buchstaben auf die Stirn des Kamels, und dieses stellte sich mit einem unheimlichen Lächeln auf seine Beine: Es konnte laufen. Es ging zu dem Haus. »Weil es sich vor dem Regen fürchtet«, sagte der Rabe. »Großmutter wird nicht erfreut sein«, sagte A., »dass es dahergelaufen kommt, dieses Kamel. Sie kocht gerade Maronenkonfitüre ein.«

Da versteckten sich die Jungen hinter einem Baum, denn sie wussten, dass die Großmutter böse sein würde, wenn das Sandkamel in die Küche spazierte. Sie hatten recht: Sie *war* wütend.

Kurz darauf aber sahen sie das Kamel zurückkommen. Es trug den Kopf der Großmutter in seinem Maul, und zwar so, dass diese verkehrt herum alle viere in die Luft streckte und wie ein Regenschirm aussah. »Weil es sich vor Nässe fürchtet«, sagte der Rabe.

»In der Küche brennt die Marmelade an, niemand passt darauf auf.«

Da liefen A. und B. ins Haus, um sich um die Marmelade zu kümmern.

»Wir werden eben Pommes frites essen«, sagten A. und B., nachdem sie eine Woche lang nur von der Maronenkonfitüre gelebt hatten, doch das Kamel spazierte mit der Großmutter als Regenschirm gemächlich durchs Gehölz und ließ sie nicht mehr los.

Der Rabe sah das alles: »Ihr seid mir den Schmuck der Großmutter schuldig«, sagte er und schleppte einen großen Koffer mit Geschmeide aus dem Haus.

»Das muss jetzt gut verwendet werden.« Und er hängte den ganzen Schmuck der Großmutter in den Baum, und jeder musste sagen, dass das sehr hübsch aussah.

*1953*

## Monsieur Grégoires Fliege

Es gab einmal einen Mann mit einem großen schwarzen Schnurrbart, der Monsieur Grégoire hieß. (Der Mann *und* der Schnurrbart trugen diesen Namen.)

Von Jugend an wurde Monsieur Grégoire von einer Fliege belästigt, die ihm beim Sprechen in den Mund flog, und wenn ein anderer etwas zu ihm sagte, flog die nämliche Fliege aus seinem Ohr wieder heraus.

»Sie geht mir auf die Nerven, diese Fliege«, sagte Monsieur Grégoire zu seiner Frau, und diese entgegnete: »Das kann ich verstehen, und außerdem sieht sie sehr hässlich aus. Du solltest einen Arzt zu Rate ziehen.«

Doch kein Arzt vermochte Monsieur Grégoire von seiner Fliege zu kurieren, obwohl er gleich mehrere Ärzte aufsuchte. Stets hieß es, diese Krankheit kenne man nicht.

Eines Tages begab sich Monsieur Grégoire zu einem weiteren Arzt, doch er irrte sich in der Adresse und landete versehentlich bei einer Hebamme.

Es war eine echte Hebamme, denn außer dass sie Frauen entbinden konnte, wusste sie noch eine Menge anderer Dinge.

»Aha, die Fliege, das kenne ich«, sagte die Hebamme, als Monsieur Grégoire sagte: »Verzeihung, ich dachte, ich sei hier bei Dr. Fontin.« Und wie immer flog ihm die Fliege in den Mund.

»*Ich* kann Sie von Ihrer Fliege heilen«, sagte die Hebamme.

»Das freut mich sehr, Madame«, erwiderte Monsieur Grégoire.

Da bot ihm die Hebamme einen Stuhl an und sagte: »Ja, ich kann Sie wegen der Fliege behandeln, aber es ist ein bisschen teuer: etwa drei Viertel von dem, was Sie besitzen.«

Monsieur Grégoire fuhr ein wenig in die Höhe, aber dann sagte er: »Gut, einverstanden«, und er setzte folgendes Schreiben auf: »Ich überlasse der Hebamme

mein Haus (das ihm gar nicht gehörte),
meine Frau (die er ohnehin loswerden wollte),
zweitausend Francs (die er nicht besaß)
und die Kuh (die in Wirklichkeit ein wilder Stier war).«

Dann unterschrieb er: *Georges Lorenze Grégoire.* Das war sein vollständiger Name.

Die Hebamme wusste sehr wohl, dass Monsieur Grégoire in seinem Schreiben gelogen hatte, aber sie sagte nichts, nahm nur den Brief entgegen und spuckte auf den Boden. Dann gab sie Monsieur Grégoire ein paar Pillen und sagte: »Nehmen Sie davon nach jeder Mahlzeit zwei Stück zusammen mit etwas Bärentraubenblättertee.«

»Ist gut. Auf Wiedersehen und vielen Dank«, sagte Monsieur Grégoire und zog zufrieden von dannen.

Später dann nahm er, getreulich die Anweisungen der Hebamme befolgend, mit etwas Bärentraubenblättertee seine Pillen ein.

Am darauf folgenden Morgen war die Fliege gänzlich verschwunden, aber Monsieur Grégoire war marineblau mit zahlreichen roten Reißverschlüssen geworden.

»Das ist ja schlimmer als die Fliege«, meinte seine Frau, aber Monsieur Grégoire selbst sagte nicht viel, denn er wusste, dass er die Hebamme hatte hinters Licht führen wollen.

›Da bin ich ja schön reingefallen‹, dachte er bei sich. ›Wenn ich doch nichts weiter hätte als diese kleine Fliege, was wäre ich zufrieden!‹

Aber er ist bis ans Ende seiner Tage marineblau mit roten Reißverschlüssen geblieben, und das sah sehr hässlich aus, besonders wenn er nackt in seiner Badewanne saß.

*1953*

## Mein Flanellschlüpfer

Tausende kennen meinen Flanellschlüpfer, und obwohl ich weiß, dass dies vielleicht kokett erscheint, ist es das durchaus nicht. Ich bin eine Heilige.

Die »Heiligkeit«, darf ich sagen, wurde mir eigentlich aufgedrängt. Wenn einer es lieber vermeiden möchte, heilig zu werden, sollte er unverzüglich diese Geschichte von Anfang bis Ende lesen.

Ich lebe auf einer Insel. Sie wurde mir als Schenkung vom Staat zuteil, als ich das Gefängnis verließ. Sie ist keine einsame, verlassene Insel, sondern eine Verkehrsinsel inmitten eines belebten Boulevards, und Tag und Nacht donnern auf allen Seiten Autos vorbei.

So …

ist der Flanellschlüpfer sehr bekannt. Mittags wird er auf eine der Leitungen der roten, grünen und gelben Verkehrsampel gehängt. Ich wasche ihn jeden Tag, und er muss in der Sonne trocknen.

Außer dem Flanellschlüpfer trage ich ein Herrenjackett aus Tweed zum Golfspielen. Es wurde mir geschenkt, auch die Turnschuhe. Keine Socken. Viele Leute schrecken vor meinem undistinguierten Aussehen zurück, aber wenn sie von mir gehört haben (hauptsächlich aus dem Reiseführer), dann kommen sie als Pilger zu mir, was ganz angenehm ist.

Nun muss ich von den sonderbaren Ereignissen berichten, die mich in diese Lage gebracht haben. Früher war ich einmal eine große Schönheit und fehlte bei keinem Cocktailumtrunk, keiner Preisverleihung und -einheimsung, keiner künstlerischen Darbietung und anderen gelegentlich riskanten Zusammenkünften, die zu dem Zweck veranstaltet wurden, dass Leute anderen Leuten die Zeit stahlen. Ich war immer sehr gefragt, und mein schönes Gesicht pflegte unaufhörlich lächelnd über eleganten Kleidern zu schweben. Indes schlug ein glühendes Herz unter den eleganten Gewändern, und dieses feurige Herz war wie ein offener Wasserhahn, der große Mengen heißen Wassers über jeden strömen ließ, der darum bat. Bald forderte dieser verschwenderische Umgang seinen Tribut von meinem schönen, lächelnden Gesicht. Mir fielen die Zähne aus. Die ursprüngliche Gesichtsstruktur verschwamm und begann dann, in kleinen, ständig sich vermehrenden Falten von den Schädelknochen zu fallen. Ich saß da und verfolgte den Vorgang mit einer Mischung aus gekränkter Eitelkeit und akuter Niedergeschlagenheit. Doch ich war, so dachte ich, inmitten von Wolken sensitiven Dampfs fest in meinem Lunar plexus verankert.

Wenn ich meinem Gesicht einmal zufällig im Spiegel zulächelte, konnte ich objektiv feststellen, dass ich nur noch drei Zähne hatte und dass diese zudem zu faulen begannen.

Also

ging ich zum Zahnarzt. Der behandelte nicht nur die drei verbliebenen Zähne, sondern verehrte mir darüber hinaus einen Satz falscher Zähne, die gekonnt auf ein blassrosa Plastikgestell montiert waren. Nachdem ich eine genügend große Menge Geld aus meinem schwindenden Vermögen gezahlt hatte, gehörten die Zähne mir, und ich nahm sie mit nach Hause und bugsierte sie mir in den Mund.

Das Gesicht schien etwas von seiner absolut-unwiderstehlichen-Anziehungskraft zurückzugewinnen, obgleich die Falten natürlich immer noch da waren. Ich schnellte aus meinem Lunar plexus auf wie eine hungrige Forelle und wurde umgehend von dem spitzen Widerhaken erwischt, der in allen früher-einmal-sehr-schönen-Gesichtern hängt.

Ein feiner magnetischer Nebel bildete sich zwischen mir, dem Gesicht und der klaren Wahrnehmung. Das war's, was ich sah in dem Nebel: »Nun ja, nun ja. Ich fing wirklich schon an, in diesem alten Lunar plexus zu verknöchern. Das hier muss ich sein, dieses schöne, lächelnd seine vollen Zähne zeigende Geschöpf. Das da *war* ich, wie ein mumifizierter Fötus ohne jede Liebe in dem dunklen Blutstrom sitzend. Jetzt bin ich hier, zurück in der wohlhabenden Welt, wo ich mich wieder in dem angenehm warmen Schwimmbecken überfließenden Gefühls tummeln und auf- und abspringen kann – je mehr Badende, desto lustiger. Das wird eine Bereicherung für mich sein.«

Alle diese unglückseligen Gedanken wurden in dem magnetischen Nebel vervielfacht und reflektiert. Ich trat in ihn hinein und trug mein Gesicht, das nun zu dem alten geheimnisvollen Lächeln zurückgefunden hatte, das in der Vergangenheit immer ins Mürrische umgeschlagen war.

Schon war die Falle zugeschnappt.

Entsetzlich lächelnd kehrte ich in den Gesichterdschungel zurück, in dem jedes Gesicht gierig versuchte, alle anderen aufzufressen.

Hier sollte ich vielleicht erläutern, zu welchen Vorgängen es in so einem Dschungel eigentlich kommt. Jedes Gesicht verfügt über einen mehr oder weniger großen Mund, der mit verschiedenen Arten von zuweilen echten Zähnen bewaffnet ist. (Jeder, der über vierzig und zahnlos ist, sollte vernünftig genug sein, still und leise an einem echten neuen Körper zu stricken, anstatt die kosmische Wolle zu vergeuden.) Diese Zähne versperren den Weg in einen klaffenden Schlund, der alles, was er verschlingt, in die übel riechende Luft zurückspeit.

Die Körper, über denen diese Gesichter schweben,

dienen den Gesichtern als Ballast. In der Regel sind sie sorgfältig mit Farben und Formen nach der aktuellen »Mode« bedeckt. Diese »Mode« ist eine alles verschlingende Idee, die von einem anderen Gesicht lanciert wurde, das mit unersättlicher Gier auf Geld und Ruhm aus ist. Die Körper, die sich in einem Zustand ständigen Elends befinden und fortwährend demütige Bittsteller sind, werden meistens ignoriert und nur zum Spazierentragen der Gesichter benutzt. Als Ballast eben.

Einmal jedoch, als ich meine neuen Zähne entblößte, merkte ich, dass etwas schiefgegangen war. Denn nach einer sehr kurzen Dauer geheimnisvollen Lächelns wurde dieses Lächeln plötzlich ganz steif und starr, während das Gesicht sich von seiner knöchernen Unterlage löste, so dass ich mich verzweifelt an eine weiche graue Maske über einem kaum noch lebendigen Körper klammern musste.

Und jetzt kommt der seltsame Teil der Geschichte. Anstatt dass die Dschungelgesichter mit Abscheu vor dem zurückwichen, wovon ich bereits wusste, dass es ein trauriger Anblick war, kamen sie auf mich zu und begannen, mich um etwas anzubetteln, von dem ich dachte, ich hätte es gar nicht.

Verwirrt fragte ich meinen Freund, einen Griechen, um Rat.

Der sagte: »Sie glauben, du hättest ein vollständiges Gesicht und einen kompletten Körper gewoben und seist beständig im Besitz von überschüssigen Mengen kosmischer Wolle. Auch wenn das nicht zutrifft, sind sie eben aufgrund der Tatsache, dass du über die Wolle Bescheid weißt, fest entschlossen, sie zu stehlen.«

»Ich habe praktisch die gesamte Schur verbraucht«, erwiderte ich ihm. »Und wenn mich jetzt jemand bestiehlt, werde ich sterben und gänzlich zerfallen.«

»Dreidimensionales Leben«, sagte der Grieche, »entsteht durch Verhalten. Da sie ihrem Verhalten entsprechend von dir annehmen, dass du große Mengen Wolle hast, bist du dreidimensional zur ›Heiligkeit‹ gezwungen, was bedeutet, dass du deinen Körper spinnen und die Gesichter lehren musst, die ihrigen zu spinnen.«

Die mitfühlenden Worte des Griechen jagten mir Angst ein. Ich bin selbst ein Gesicht. Die schnellste Art und Weise, wie man sich aus dem gesellschaftlichen Wettbewerb des Gesichteressens zurückzieht, kam mir in den Sinn, als ich mit meinem massiven stählernen Regenschirm einen Polizisten angriff. Prompt steckte man mich ins Gefängnis, wo ich viele Monate mit gesundheitsfördernder Meditation und zwangsweiser körperlicher Betätigung verbrachte.

Meine vorbildliche Führung in dem Kerker trieb die oberste Aufsichtsbeamtin zu einem Übermaß an Milde, und so ließ mir der Staat nach einer kleinen, aber feinen Feier, die in einem abgelegenen Winkel des protestantischen Friedhofs stattfand, per Schenkung die Insel zukommen.

Da bin ich nun also auf dieser Insel mit ihren mechanischen Artefakten in allen Größen, die in jeder erdenklichen Richtung sogar über mir vorbeisausen.

Hier sitze ich nun.

*1950er Jahre*
*Übersetzung Elaine Charwat und Heribert Becker*

## Meine Mutter ist eine Kuh

Unsere Familie ist einfach und bescheiden, meine Mutter ist eine Kuh. Oder besser, meine Mutter ist ein kuhgesichtiger Fächer. Wer ist sie? Und lebt sie auch hinter ihrem Fächer-Selbst? Ein Gesicht vor einem Gesicht vor … woher soll ich das wissen? Wir fragen sie hier und jetzt: Wer bist du? Sie lacht, lässt sich aber so etwas wie Opfergaben darbringen. Wir nennen sie Heilige, wenn wir sie kennen. Aber wir sind nur sehr wenige.

Unsere kleinen Heiligtümer sind leer, sie beherbergen nur das gehörnte Gesicht meiner Mutter. Jeder von uns gibt, was er zu bieten hat. Die Opfergaben werden den Menschen als kleine Wahrheiten, große Wahrheiten und halbe Wahrheiten oder ziemlich oft als Lügen und Schwindeleien zurückgegeben. Das hängt ganz davon ab, was wir damit machen. In erster Linie sind die Opfergaben ziemlich wenig: Tränen und Honig, Gekreische und Tabak, brennendes Harz, Schokolade, weiße Nächte.

Roter Ocker, Tünche und Ruß.

Was ich aber eigentlich erzählen will, ist, wie ich sie ausgefragt habe und was sie geantwortet hat. Folgendes hat sich zugetragen:

Jahrelang bin ich von Menschen eines Personenkreises gefangen gehalten worden, die jetzt Die Aufpasser genannt werden. Diese großen Hypnotiseure haben keine Götterbilder, ihre Magie ist mächtig und stark und ihr Appetit unersättlich. Sie nähren sich vom Elend, sind aber sehr wählerisch beim Aussuchen ihrer Opfer. Sie rufen Mitgefühl hervor, haben aber selbst keines. Sie besitzen grenzenloses Wissen, haben aber kein Einfühlungsvermögen, und das verleiht ihnen die Macht absoluten, geballten Hasses.

Und so nannten sie mich, als ich gefangen genommen wurde, Sin. Sie hatten wohl vergessen, dass Sin der Name einer Göttin war, die sie ermordet hatten.

Manchmal erinnerte ich mich, manchmal vergaß ich. Ich litt sehr stark. Dies Leiden erzeugte eine Art Nahrung für sie, die ich fälschlicherweise für ein Vitamin hielt. Ich dachte, dass sie, wenn ich ihnen genug davon lieferte, aufhören würden, an meinem Lunar plexus herumzuspielen, und zufrieden wären – und vielleicht reicher?

Dem war natürlich nicht so. Ich wurde immer kränker.

Ich rief das gehörnte Abbild meiner Mutter an und fragte, ob sie meinen Tod wünsche, falls nicht, möge sie doch für Abhilfe sorgen.

Sie erwiderte, ihr leer stehendes Heiligtum solle neu geweiht werden, aber die Türen sollten verschlossen sein und der neue Eingang spiralförmig. Spiralförmig, sagte sie, wie die Nabelleiter, die aus dem menschlichen Körper herausführt; das, fügte sie hinzu, sei sehr heilig. Solange die Türen verschlossen sind, sagte sie, wirst du in Sicherheit sein, und ich werde dich nicht verlassen.

Ich tat genau, was sie sagte. Die Aufpasser erlaubten

die Weihung, nachdem ich sechs Gallonen gesalzten Blutes bezahlt hatte.

Ein Matrose vom Schiff des Odysseus, der ein Held gewesen war, befand sich ebenfalls in der Gefangenschaft der Aufpasser. Sie hatten ihn zu einem konzessionierten Buchprüfer gemacht, doch sein Gedächtnis war nicht beeinträchtigt. Er erinnerte sich, wie meine Tante ihn zum Spaß in ein Schwein verwandelt hatte und wie ihre Töchter, die Sirenen, hatten Liebe mit ihm machen wollen, weil die Delfine im Vergleich zu dem schönen Matrosen impotent erschienen. Er war immer noch wütend, obwohl die Kriege zu der Zeit noch nahe genug an der Natur waren, damit Feinde einander liebten. So wurden wir unter der gierigen Überwachung durch die Aufpasser Freunde. Der Matrose erinnerte sich an unser kleines, leeres Heiligtum aus vergangenen Tagen. Nie, niemals dürfe ich die Türen öffnen, sagte er, sonst sei ich in Gefahr. Er war um mein Wohlergehen besorgt.

Sein eigenes kleines Heiligtum war hermetisch verriegelt, aber das hätte ihn um ein Haar das Leben gekostet; ich hatte nur sechs Gallonen gesalzten Blutes bezahlt.

So standen die Dinge, als eine bestimmte Sternenkonstellation Ereignisse eintreten ließ, bei denen die Gegenwart der Götter bestimmten Menschen unmittelbar erfahrbar wurde: solchen, die beim Tanz mitmachten, und auch anderen.

Ich machte mit und wurde dabei von einem menschenfressenden Hai, der als Harlekin verkleidet war, in den Bauch gebissen.

Jeder Fehler, den wir bei diesen Tänzen machen, muss in eine Frage umgemünzt werden, sonst ist er verhängnisvoll für unsere menschliche Verfassung.

Der Matrose, der dem Tanz vom Schanktisch aus zusah, war entsetzt über mein plumpes Gehopse und sagte mir, ich würde mir noch ein Bein brechen oder sogar mehr. Er weigerte sich mitzutanzen. Das sei schon allzu oft geschehen, sagte er. Ich glaubte, er schämte sich für mich, denn *er* hatte den Harlekin von Anfang an als Hai gesehen.

Ich konnte ihm nur sagen, dass das kein wirklicher Hai gewesen war. Ich weiß nicht, ob der Matrose mich verstand, als ich die hopsende Herde immer wieder verließ, um ihm Folgendes zu sagen: dass die Wege meiner gehörnten Mutter seltsam seien, da sie nun einmal beschlossen habe, mich wieder tanzen zu lassen, könne ich gar nicht anders. »Je unwissender wir sind, desto hingebender machen wir mit. Aber ich habe schon früher Fragen gestellt, drum weiß ich, dass ich tanze.«

Der Matrose sagte: »Hör auf jetzt, oder du wirst dir wahrscheinlich den Hals brechen.«

Ich aber tanzte weiter in meiner grotesken Verkleidung, doch nicht, ohne ihm vorher zu sagen: »Ich bin einsam und unglücklich, aber ich trage meine letzte Haut. Da du die Götter beinahe von Angesicht zu Angesicht siehst, verlass mich nicht.« In der menschlichen Sprache heißt das Liebe.

Danach tanzte ich wieder auf meinen brennenden Füßen, die schwerer und schwerer wurden, bis ich auf blutigen Stümpfen umhersprang wie ein Ackergaul.

Dann machte ich beim Tanzen eine falsche Drehung,

und die Aufpasser, in Henkerspurpur gekleidet, schritten ruhig in die herumwirbelnde Menge, nahmen mich mit und steckten mich bei einer Kost aus verwestem Haifischfleisch in Einzelhaft.

Nachdem ich den falschen Schritt gemacht hatte, trat ich vor die Gehörnte Göttin. Ihr Heiligtum war entweiht, die Türen standen weit offen, der Boden war mit Haifischexkrementen bedeckt, die heiligen Gegenstände lagen in wilder Unordnung auf dem Boden verstreut.

Mein Elend war so schmerzlich, dass ich außerstande war, den heiligen Besen in die Hand zu nehmen. Ich blieb die ganze Nacht in dem Heiligtum, weinte bitterlich und erflehte die Anwesenheit meiner Mutter, die sich zurückgezogen hatte.

Hier sitze ich, Heilige, in all meinem gottverlassenen Elend. Lass mich mich auflösen in diesem schrecklichen Leid.

Noch immer war die Göttin abwesend.

Ich schrie, drohte und flehte und versuchte, mir an der Wand den Schädel einzurennen. Erst bei Sonnenaufgang entsann ich mich, dass ich keine Frage gestellt hatte. Also wusch ich mir mein grässlich verunstaltetes Gesicht und trat erneut vor das Gehörnte Abbild.

Warum bin ich ein Mensch? fragte ich.

Nun hat die Göttin keinen Mund, keine Zunge, keine Stimmbänder. Ihre Gegenwart ist nicht beschreibbar, aber absolut. Deshalb muss ich so tun, als habe die folgende Unterredung in menschlicher Sprache stattgefunden.

Ihre Antwort lautete wie folgt: Ein menschliches Geschöpf zu sein heißt, ein Heer von Gliederpuppen zu sein. Diese Gliederpuppen können lebendig werden, je nach dem, wie das einzelne Geschöpf sich entscheidet. Er oder sie kann so viele Gliederpuppen haben, wie sie wollen. Wenn das Geschöpf in die Gliederpuppe eintritt, glaubt es sofort, sie sei wirklich und lebendig, und solange es das glaubt, ist es in dem toten Abbild gefangen, das sich in immer weiteren Kreisen von der Großen Natur wegbewegt. Jeder Einzelne gibt seinen Gliederpuppen Namen, und fast alle diese Namen beginnen mit »Ich bin«, und ein langer Strom von Lügen folgt auf sie.

Ich fragte: Was ist der Zweck dieser Gliederpuppen, Heilige?

Die Göttin erwiderte: Menschen könnten niemals miteinander kommunizieren, wenn es keine Gliederpuppen gäbe, sie könnten sich in ihren Körpern aus Fleisch, Blut und Knochen nur im Liebesakt oder im Kampf vereinigen. Durch die Gliederpuppen können sie miteinander sprechen, sich gegenseitig hypnotisieren, einander beherrschen und tatsächlich all den aufregenden Tätigkeiten nachgehen, etwa Leiden, Glücklichsein, ästhetisch Genießen, Wichtigtuerei, Politik, Fußball und so weiter.

Und ich fragte sie: Was ist Leiden?

Und sie antwortete: Leiden ist der Tod oder der Zerfall einer oder mehrerer dieser Gliederpuppen Doch je mehr tote Gliederpuppen ein Mensch hinter sich lässt, desto näher kommt sie oder er dazu, die menschliche Verfassung für immer zu verlassen. Die einzige Schwierigkeit ist, dass, wenn ein Wesen gezwungen ist, die erfundene Präsenz einer nicht länger bewohnten Gliederpuppe aufzugeben, er oder sie oft wieder damit beschäftigt ist, größere und bessere Gliederpuppen zu verfertigen, um darin zu leben.

Dann sind alle Gliederpuppen Vampire?

Die Göttin entgegnete: Gliederpuppen sind wie das Große Kabbalistische Pentagon, Tod genannt, das von Leben durchdrungen ist und ewig durch die zwölf Häuser wirbelt.

Wie kann ich den Kreis verlassen, Heilige?

Wenn du stirbst, trittst du aus dem Kreis heraus.

Wie kann ich ohne Füße aus dem Kreis heraustreten?, fragte ich. Die Göttin fand Gefallen an solch einer maliziösen Frage, und ihr Lachen war wie Regen auf das Dach meines Kopfes. Du musst dir aus Spinnengarn selbst einen Körper stricken, sagte sie.

Das hatte ich natürlich längst begriffen, aber mein Garn elendiglich für immer mehr Gliederpuppen vergeudet.

So zog ich nach und nach die Stränge zu mir zurück, und hier sitze ich nun und spinne wieder, wie der griechische Matrose es vorausgesagt hat.

Ich sitze hier im Zikkurat* und weiß, dass ich getanzt habe, weil das der einzige Weg war, eine weitere Gliederpuppe zu töten, deren Namen lautete »Ich bin noch ziemlich attraktiv, und ich werde sterben, wenn ich nicht etwas menschliche Liebe bekomme. Jeder braucht Liebe, ganz gleich, wie alt er ist. Außerdem,

* Tempelform der mesopotamischen Baukunst, z. B. der Turm zu Babel (Anm. d. Übers.)

wenn ich schnell genug tanze, werde ich mich vielleicht sogar von den Aufpassern befreien können.«

Entgegen allen Erwartungen erhob sich die Gehörnte Göttin wieder mit der Sonne.

Aber warum bin ich ein Mensch, Heilige? Was habe ich getan, um das zu verdienen?

Mensch heißt ins Fleisch geschrieben, das Wort ist Schmerz, Schmerz und nochmals Schmerz –

Wer war die Hexe von Nazareth?

Eine in Blut geschriebene Hieroglyphe, die Sinn ergibt, wenn die Geschichte mit der Kreuzigung beginnt und schrittweise rückwärts gelesen wird – Der Christus-Mann wurde am Kreuz seines Vaters entledigt.

Also gibt es kein Lernen?

Nein. Verstehen gibt es nur bei dem, was in lebendige Urmaterie eingeschrieben ist. Die ursprünglichen schattenlosen Wesen sind Buchstaben, die Worte bilden, die du nicht lesen kannst. Ihr Zustand ist ständiges Leiden, weil sie nackt und ohne Haut sind. Ihr Blutstrom ist ungeschützt.

Wer sind sie?

Diejenigen, die sich nicht länger anmaßen zu wissen, wer sie sind.

*Mitte der 1950er Jahre*
*Übersetzung Elaine Charwat und Heribert Becker*

Tribeckoning, 1983, Öl auf Leinwand,
91 x 61 cm, Privatsammlung

# Wie man ein Unternehmen gründet oder Der Gummisarkophag

Mit einiger Beklommenheit suchte ich die Stelle für das Picknick aus. Der Anlass dazu war wegen der Vornehmheit meiner Gäste für mich ein feierlicher, denn ich hatte den bekannten Adligen Lord Popocatépetl, einen Mann der höchsten mexikanischen Gesellschaft, und seinen engsten Freund, den Vicomte Districto Federal, eingeladen. Lange hatte ich mir den Kopf darüber zerbrochen, den adäquatesten Ort ausfindig zu machen, um mich der Gesellschaft dieser beiden Gentlemen erfreuen zu können, und angesichts der Wucherpreise selbst in ganz gewöhnlichen Restaurants entschloss ich mich schließlich, sie auf einen schönen alten Friedhof unweit der Ruinen des Torre Latinoamericana* einzuladen.

Sobald die Monarchie sich in Mexiko fest etabliert hatte, erließ König Chapultepec von Smith der Zweite (Sohn von Atzcapotzalco Guggenheim) ein Gesetz, das alle Geräte der Sprachübermittlung nicht-tierischer Art (also Radios, Telefone, Fernseher, Walkie-Talkies, Mikrofone usw., usw.) strikt verbot. Daraufhin schritt unsere Zivilisation rasch in Richtung auf ein Goldenes Zeitalter voran, in dem wohltuende Stille jede Straße

* Hochhaus mit 43 Stockwerken im Zentrum von Mexiko-Stadt (Anm. d. Übers.)

in einen Garten und jedes Haus in ein Zentrum friedlichen, wenn auch nicht immer intelligenten Denkens verwandelt hat.

Bei den vornehmsten Mitgliedern der Gesellschaft ist es jetzt gang und gäbe, Picknicks mitten in der Stadt zu veranstalten. Spiele wie Schach, Schlange-und-Leiter und Mensch-ärgere-dich-nicht sind zu friedlichen nationalen Freizeitbeschäftigungen geworden. Man sagt, früher hätten die Massen zum Vergnügen Stiere getötet. Es ist nicht bekannt, wie sie das genau angestellt haben, man darf aber annehmen, dass sie Feuerwaffen oder andere derartige Gerätschaften benutzten, wie sie in jenen finsteren, barbarischen Zeiten allgemein gebräuchlich waren.

Seit dem vom Schwarzen König des Nordens, New York dem Ersten, unter dem Titel »Gesetz zur Ent-Elektrifizierung des amerikanischen Doppelkontinents« herausgegebenen Edikt ist unklar, wie jene gewaltigen elektrischen Kräfte einst genutzt wurden, Kräfte, von denen wir heute nur noch bei unseren Ritualen Gebrauch machen.

Doch ich sehe, dass ich meine Geschichte aus den Augen verliere. Es war an einem diesigen Tag im Mai, als ich mich auf meinem bescheidenen, mit meinen ausgesuchten Köstlichkeiten beladenen einspännigen Maultierschlitten zum Licht- und Energiefriedhof von San Jorge auf den Weg machte: beladen nicht nur mit Konserven voller norwegischer Enchiladas aus Japan, sondern auch mit sechs Flaschen des seltenen alten indianischen Getränks, das man *cocacola* nennt und das direkt an der Quelle auf Flaschen gezogen wird.

Der Friedhof war in dem frühmorgendlichen Licht in einen Schleier des Geheimnisvollen gehüllt: Seine dicht an dicht stehenden Grabsteine schimmerten weiß auf der Seite, wo der Regen sie blank gewaschen hatte, während sie auf der anderen Seite schwarz waren. Mitten in diesem Spinnennetz aus schmalen Gehwegen stand ein Wirtshaus, »Zur dicken Schwalbe«, wohin diejenigen, die dieser Stadt der Toten einen Besuch abstatteten, sich gern begaben, um Trost und Labsal eines starken Getränks zu genießen. Der Ort war in den alten Zeiten am Ende der christlichen Ära anscheinend einmal so etwas wie eine Kirche gewesen: ein Ort also, wo düstere Riten abgehalten wurden und die Gläubigen zusammenkamen, um den Vorträgen eines Priesters zu lauschen, während sie über ihren Gott (jetzt tot) nachsannen, einen bedauernswerten Menschen, den man auf entsetzliche Weise an ein Holzgestell genagelt hatte und der dort in offensichtlicher Todesqual vor sich hin siechte. Ein interessantes Beispiel für die Mentalität unserer Vorfahren, dass sie solch ein grausiges Bild verehrten!

Auf der Suche nach einem Platz für unser Picknick ging ich langsam zu einer verhältnismäßig offenen Stelle, wo zwei Männer ein Loch aushoben. Sie sagten mir, sie exhumierten die sterblichen Überreste der berühmten Lady Hochmuth-Winkeleck, die im Verlaufe ihrer wissenschaftlichen Untersuchungen der Sitten und Gebräuche des unterirdischen »Home Office« oder Innenministeriums erst kürzlich verstorben sei. Ihre weithin bekannte Abhandlung *Gebete des zwanzigsten Jahrhunderts* handelt von den verblüffenden Entdeckungen, die Archäologen machten, als sie das berühmte Home-Office-Gebäude ans Tageslicht brachten.

»Dieser Friedhof hier ist ausschließlich Ladys vorbehalten«, sagte der größere der beiden Erdarbeiter. Sie fragten, ob ich mich in das Loch legen würde, damit sie es besser ausmessen könnten.

Die feuchte Erde war gar nicht so ungemütlich, wie man hätte annehmen können. Ich verspürte sogar eine gewisse wohlige Trägheit und Schläfrigkeit, als ich's mir in Lady Hochmuth-Winkelecks Grab bequem machte. Die Männer liefen hin und her und nahmen sorgfältig Maß. Als sie ihre Arbeit getan hatten, halfen sie mir wieder heraus, und während ich mich von ihnen verabschiedete, sah ich meine beiden Gäste durch den Dunst näherkommen: Lord Popocatépetl und Vicomte Districto Federal.

Ich hob meinen Picknickkorb auf und ging meinen vornehmen Freunden entgegen. Wir fanden bald ein ruhiges Plätzchen. Lord Popocatépetl berichtete eingehend über den neuesten Stand seines Rheumas: »Schon seit Jahresbeginn ist die untere Hälfte meiner Wirbelsäule wegen der Feuchtigkeit von Krämpfen befallen. Ich habe Dr. Mejor-Mago konsultiert, der mir versicherte, Schmerz und Leid seien rein psychische Phänomene, und der mir riet, mit Affenhaut gefütterte und in Pulque getränkte Unterhosen zu tragen. Bis jetzt verspüre ich noch keine Besserung.«

»So ein Quacksalber!«, schimpfte Districto Federal. »Rheuma wird durch Störungen in der Tagundnachtgleiche verursacht. Die grauen Flüssigkeiten fließen über vor Sephilokokken.«

»Wissen Sie, es gibt so etwas wie antirheumatische Halsbänder«, sagte ich. »Ich habe erst unlängst eines getragen, und zwar das allerbeste. Stammt übrigens aus meiner eigenen Herstellung. Sie kosten nur zwei gut gereifte Käse. Für Sie zum Erzeugerpreis.«

Während wir so plauderten, kam ein Mann in einem weißen Anzug auf uns zu. Er zögerte einen Augenblick, bevor er mich ansprach: »Señora Carrington?«

»Ja«, entgegnete ich, ein wenig verwundert, dass ein Wildfremder wusste, wer ich war. Der Mann überreichte mir ein etwa zehn mal dreißig Inches großes Paket. »Das ist der Hauptgewinn der Nationallotterie. Sie haben ihn mit der Losnummer XXXccc gewonnen. Ich gratuliere Ihnen, Señora Carrington.«

Nachdem ich ihm gedankt hatte, machte ich das Paket behutsam auf. Der Mann verschwand mit einem kurzen Vogellachen, das mir nicht geheuer war, in den Schatten.

Wir fanden bald heraus, dass das Paket eine Gummischatulle enthielt, in die ein sehr kleines Kind hineingepasst hätte.

»Was für einen praktischen Nutzen dieser Preis haben soll, ist mir schleierhaft«, sagte Districto Federal. Popocatépetl jedoch beäugte das Ding sorgfältig durch sein Lorgnon und verkündete: »Es wäre sehr gut als Tisch für unser Picknickessen zu gebrauchen.« In der Tat: keine schlechte Idee, unser Picknick von dem feuchten Friedhofsboden fernzuhalten.

Während wir aßen, bemerkten wir jedoch immer

stärker einen unangenehmen Geruch, der von der kleinen Schatulle ausging. Wir waren kaum mit dem Essen fertig, als meine beiden Tischgenossen sich höflich entschuldigten und eilends das Weite suchten, so dass ich mit den Überresten des Picknicks und mit der Gummischatulle allein zurückblieb. Da saß ich nun am Rande unserer traurigen, wilden Stadt, und mich überkam ein Gefühl tiefer Melancholie, gegen das ich freilich ankämpfte, indem ich mir die Nase mit einer großen Portion Jasminessenz vollstopfte. Angst hielt mich davon ab, mein Gewinnpaket zu öffnen. Ich starrte es nur ausgiebig an. Ich fühlte mich unwohl in meiner Haut und empfand eine große Beklommenheit, die von den uralten Gräbern des Friedhofs selbst auszugehen schien. Es war, als ob meine Angst nicht ei-gentlich die meinige war, sondern irgendwie aus jenem fernen, so furchtbar verrufenen zwanzigsten Jahrhundert stammte.

Ich weiß nicht, wie lange mich diese Empfindungen bedrängten. Plötzlich aber hörte ich wieder dasselbe winzige Vogellachen, und als ich mich umsah, erkannte ich die weiße Gestalt des Mannes, der mir die Gummischatulle ausgehändigt hatte. Sein Kopf war so in Nebel gehüllt, dass ich seine Gesichtszüge nicht erkennen konnte, aber seine Stimme ertönte ganz dicht an meinem Ohr: »Nun machen Sie sie schon auf. Was zögern Sie?«

Willenlos hoben meine Hände den mit einem Maiglöckchenmuster verzierten Gummideckel hoch – nur um auf ein weiteres Kästchen zu stoßen, das aus jenem uralten Material bestand, das man einst Plastik genannt hat. Ich hätte mich nur zu gern gedrückt, gehorchte aber weiter der Stimme des weißen Individuums, und mit eigenartiger Geschicklichkeit vollbrachten es meine Hände, das rosafarbene Kästchen zu öffnen. Was ich darin sah, ließ mich in einer Mischung aus Staunen und Angst erstarren. Es war ein menschlicher Leichnam, mehr oder weniger so groß wie eine Zahnbürste. Der Homunkulus besaß einen riesigen Schnurrbart. Er war unglaublich gut erhalten, wahrscheinlich dank einem Verfahren, von dem einst die Bewohner des Amazonas-Dschungels Kenntnis besaßen. Mir war klar, dass dieser kleine Körper zu Lebzeiten größer gewesen war, aber doch nicht so groß wie ein heutiger Durchschnittsmensch. Mein Blick fiel auf eine Aufschrift auf der Innenseite des Deckels: »Josef Stalin. A.D. 1948. Entgegengenommen anlässlich des Geburtstags von Königin Elizabeth der Zweiten von England, die das Präsent als Weihnachtsgeschenk an Dwight D. Eisenhower (USA) sandte, der es zum Gedenken an Sankt Licht und Energie, die 1958 vom Vatikan heilig gesprochen wurden, an das Nationalmuseum von Mexiko weitergab. *Quia nobis solis artem per nos solo investigatam tradimus et non aliis.** War diese Puppe vielleicht ein Zeitgenosse des Heiligen Rasputin gewesen, eines Adligen am Hofe des russischen Zaren? Mit wachsender Erregung studierte ich die Buchstaben der Aufschrift, die dem Namen jenes Eisenhower vor-

* Küchen- oder Fantasielatein, zu Deutsch etwa: »Da wir die allein von uns erforschte Kunst allein uns überliefern und nicht anderen.« (Anm. d. Übers.)

angingen. War dieser womöglich ein weiterer Russe? Zweifellos waren die Großbuchstaben »USA« von Hochmuth-Winkeleck in ihrer Abhandlung zutreffend mit »Universale Selbst-Auflösung« übersetzt worden. Genauso wie »UdSSR« (derselben Kapazität zufolge) für »Unaufhaltsam-dramatische Solo-Sarkophag-Regression« stand. Vielleicht ist das eine Floskel aus dem Ritual der katholischen Kirche oder etwas dergleichen. Den lateinischen Satz verstand ich natürlich nicht sehr gut, aber ich vermutete, dass er etwas mit dem vertrockneten Knirps zu tun hatte. Wer weiß, vielleicht war er einmal ein als Hofnarr arbeitender Zwerg gewesen.

Während mir diese krausen Gedanken durch den Kopf schossen, trat der Mann in Weiß noch näher an mich heran und sagte: »Heutzutage weiß jeder Eingeweihte um die dunklen Zeitalter, als die Erde noch öd und leer war und nicht auf die Götter bauen konnte. Göttliche Geistwesen erschienen auf Erden erst, nachdem die unaussprechliche Katastrophe den ganzen Planeten in Angst und Schrecken gestürzt hatte. Dies Relikt hier aus jenen unglückseligen Zeiten besitzt aber auch einen medizinischen Wert. Zu Pulver zerrieben und mit einigen Tropfen Ringelblumenöl und etlichen Samen des Flammenbaums versetzt, ergibt es eine wertvolle Heilsalbe zur Behandlung von Depression Nr. 20. Nützlich ist es auch bei bestimmten Übungen zur leichten Levitation. Wir wissen doch alle, dass zur westlichen Medizin der Zweig der gutartigen Gifte gehört, die zur Heilung bestimmter pathologischer Zustände geeignet sind.«

Daraufhin rupfte er dem Knirps eines der langen Schnurrbarthaare aus und legte es mir sacht in den Mund. Ich verspürte einen Sardinengeschmack, der mich schaudern ließ: Die Apotheker des zwanzigsten Jahrhunderts haben schon merkwürdige Dinge praktiziert! Plötzlich fühlte ich mich wie von göttlichem Licht durchflutet, das raunte: »So war Aspirin.« Ich wurde ohnmächtig.

Als ich wieder zu mir kam, war der Mann in Weiß verschwunden, und ich war wieder allein mit dem Homunkulus des Zaren in der Gummischatulle.

Ich brauche wohl nicht hinzuzufügen, dass das winzige Männlein es mir ermöglicht hat, das zu gründen, was heute das führende pharmazeutische Unternehmen in der ganzen Stadt ist. Natürlich gibt es in Hülle und Fülle Nachahmungen und Fälschungen, doch das echte »Apostalin« ist einer der Hauptexportartikel des Landes. Es ist nützlich bei der Behandlung von

Keuchhusten
Syphilis
Grippe
Kinderkriegen
und anderen konvulsivischen Beschwerden.

Obwohl ich nicht direkt reich bin, genieße ich doch Sorglosigkeit und Ruhe, habe alles, was ich brauche und was zu einem angenehmen und distinguierten Leben notwendig ist.

*Anfang der 1960er Jahre*
*Übersetzung Elaine Charwat und Heribert Becker*

## Et in bellicus lunarum medicalis*

»Russland spendet Team dressierter Ratten. Erfahren im Operieren von Menschen. Wegen des jüngsten Ärztestreiks hat die russische Regierung freundlicherweise ein Team von Ratten zur Verfügung gestellt, die hoch spezialisierte Fachleute in allen Bereichen der Chirurgie und der Allgemeinmedizin sind.«

Diese Meldung stand in der großen Tageszeitung der Hauptstadt.

Natürlich.

Und so fand ein Treffen von Ministern, Ärzten, Bankiers, Priestern und anderen Menschen des öffentlichen Lebens statt.

Dabei wurde deutlich, dass der Gedanke an die Ratten allen Unbehagen bereitete. Der berühmte Dr. Monopus erklärte: »Diese Aktion kann bei unseren Patienten nicht auf das notwendige Vertrauen stoßen. Eine Operation ist eine zu heikle Sache, als dass man damit Ratten betrauen könnte. Überdies wäre das nicht hygienisch.« Ein Minister, der einen englischen Anzug trug, stellte fest: »Sowjetische Ratten werden stets sterilisiert, bevor sie an den Körper eines Patienten herangehen. Außerdem: wenn wir die Ratten nicht ein-

* Fantasielatein, dt. etwa: Und in den medizinischen Kriegen der Monde (Anm. d. Übers.)

setzen, wird sich die russische Regierung brüskiert fühlen.«

Ein betretenes Schweigen ließ alle verstummen.

Señor Alcaparras, ein einflussreicher, für seine demokratische Einstellung gegenüber der Golf- und Canasta-Organisation für junge Lakandonen bekannter Bankier, hatte den Mut, das Schweigen zu brechen: »Meine Herren«, sagte er sanft und wie immer verbindlich lächelnd, »es gibt hier gar kein Problem. Wir werden die Ratten einfach dem Präsidenten der Vereinigten Staaten schenken und es so allen recht machen. Die Amerikaner sind, genau wie die Russen, sehr moderne Leute.«

»Geschenke weiterzuverschenken ist meiner Ansicht nach denen gegenüber nicht korrekt, die sie uns gemacht haben«, sagte ein Priester, Pater Podmore, Beichtvater von Damen der guten Gesellschaft. »Auch ich bin modern und wie alle aufgeklärten Männer der Kirche ein vollkommener Atheist, aber … selbst einem Mann, der so liberal ist wie ich, wird es bei dieser Taktlosigkeit mulmig.«

»Er hat Recht«, sagte der Minister. »Niemand will Krieg gegen die Russen und die Amerikaner gleichzeitig. Sie sind ja bis zu den Zähnen bewaffnet, wie man so sagt.«

»Ich bin dagegen, in den Krankenhäusern Menschen durch Ratten zu ersetzen«, erklärte Dr. Monopus mit Nachdruck. »Es wäre besser, die Ratten mittels einer offiziellen Schenkung an die Psychoanalytische Gesellschaft zu geben.«

Das imposante Institut für Halbangewandte Wissenschaften und Andere Metaphorische Aktivitäten bedeckt in unserer Stadt ein Areal von mehreren Quadratkilometern; es liegt inmitten eines schönen Parks mit Springbrunnen, die hin und wieder Wasser speien. Das war der Ort, an dem das große sowjetische Geschenk übergeben werden sollte. Es gab Musik, Fahnen und in Aspik gehüllte französische Speisen: Die *enchiladas à la bordelaise* fanden besonders viel Anklang.

Inmitten von Musik und Reden übergaben die Ärzte für materielles Fleisch die klugen Ratten an die Ärzte für Metafleisch oder Seelenärzte.

Der Vorsitzende der Psychoanalytischen Gesellschaft, Dr. Siegfried Lafftnalger, nahm die Ratten im Schatten des Denkmals für die Halbangewandten und Metaphorischen Wissenschaften entgegen. Dieses überall in der Welt als einzigartig bezeichnete Monument besteht aus den Figuren dreier Heroen und eines Pferdes, die triumphierend in eine Streptokokkenkultur eindringen.

Unter diesem Denkmal stehend, nahm Dr. Lafftnalger das Geschenk gesenkten Haupts in Empfang und murmelte: »*Ai chingao.*« Natürlich konnte er vor so vielen Menschen nicht preisgeben, was er wirklich dachte, aber er schwor, sich an seinem Feind Dr. Monopus zu rächen.

Nach dem Festbankett trafen sich die Psychoanalytiker an einem geheimen Ort auf den Hügeln von Las Lomas*, um die sowjetische Schenkung in Augen-

* Stadtteil von Mexiko-Stadt (Anm. d. Übers.)

schein zu nehmen. »Ich will mich hier nicht gegen einen Standeskollegen äußern«, sagte Dr. Lafftnalger, »aber Monopus ist ein Dreckschwein. Wie können wir nun diese Tiere in der Analyse einsetzen?«

»Es ist eine Beleidigung«, sagte Dr. von Garza, »ein Akt offener Feindseligkeit und Aggression, eine handgreifliche Zurückweisung.«

»Die Übertragung vom Patienten auf die Ratte wird zu nie dagewesenen Schwierigkeiten führen«, sagte Dr. Zodiac Pérez, ein hässlicher Mann, der sich eingehend mit dem Problem der Übertragung beschäftigte. »Man vermag sich nicht vorzustellen, dass diese Tiere beim Umgang mit hartnäckigen Neurosen irgendeinen praktischen Nutzen haben. Wir sollten nicht vergessen, dass auch Patienten Menschen sind.«

»Here, here!«, riefen mehrere Ärzte, die gut Englisch sprachen.

»Sollen wir für Sitzungen mit Ratten die gleichen Honorare abrechnen oder nur die halben?«, fragte Dr. Benito Wurst, der ein Problem mit seinem Selbstwertgefühl und zudem einen nervösen Tick und sechs Kinder hatte, die eine Menge wegaßen.

Niemand wusste darauf eine Antwort. Schließlich sagte Dr. Lafftnalger: »Quatch*!« und fügte mit einem leisen Lächeln hinzu: »Letztendlich wären wir besser gefahren, wenn wir die Ratten den Gynäkologen gegeben hätten.« Einige lachten über diesen finsteren Scherz.

Die Verlegenheit wuchs. Nach mehreren Zusammen-

* vermutlich ein Carrington'scher Neologismus (Anm. d. Übers.)

künften am bronzenen Sitz der Gesellschaft auf den Höhen von Las Lomas – ganz aus Bronze, Marmor und Elfenbein und mit Bisons dekoriert – beschlossen die Psychoanalytiker, Dr. Monopus zu kidnappen und ihn zu zwingen, die Ratten zurückzunehmen, um sie in den Operationssälen der Krankenhäuser arbeiten zu lassen. Unterdessen fraßen die Nagetiere emsig Vitamine und verschafften sich in einem elektronischen Pferch wohlgeordnet Bewegung.

Schließlich war es Dr. Zodiac Pérez, der, als Mischlingsmädchen aus der Provinz verkleidet, Dr. Monopus entführen sollte. Der wurde dann auch tatsächlich in ein Geheimversteck im eleganten Souterrain des Sitzes der Psychoanalytischen Gesellschaft verbracht ... Dort sollte er festgehalten werden, bis er bereit war, die Ratten ein für alle Mal zurückzunehmen.

Als Gefangener legte Dr. Monopus eine erstaunliche Widerstandskraft in Bezug auf die ausgeklügelten psychologischen Maßnahmen an den Tag, die gegen ihn angewandt wurden. Kategorisch sprach er den Ratten jedes Verantwortungsgefühl ab. »Wenn sie sich auch in der Buchhaltung auskennen, so sind sie doch, wie ich glaube, nicht vertrauenswürdig und haben kein Verantwortungsbewusstsein«, sagte er nach einem dreimaligen Einsatz von Elektroschocks und einer über mehrere Nächte sich hinziehenden Behandlung mit unterbewusster Suggestion. »Ich will keine Ratten im Operationssaal. Basta.«

Die Nahrung des Gefangenen bestand aus einer Schleimsuppe aus Maismehl mit Erdbeergeschmack, aber ohne Milch, und so magerte er ab. Als die vierte

Woche seiner Gefangenschaft zu Ende ging, seufzte Dr. Lafftnalger und sagte: »Es hilft nichts, wir werden gleichzeitig Monopus und die Ratten opfern müssen. Wir werden die Körper in einem Vorzimmer des Innenministeriums deponieren, damit die Sache an die Öffentlichkeit gelangt. Wir werden durchsickern lassen, Monopus habe die Ratten getötet und sich anschließend selbst umgebracht, weil er ein Gegenspion war. Es gibt für alles eine Lösung.«

»Here, here!«, riefen diejenigen, die Englisch sprachen. Die anderen schützten diskret einen plötzlichen Husten vor.

Man dachte daran, Gift in den Maismehlschleim mit Erdbeergeschmack zu mischen, der ohnehin schlecht schmeckte. »Lassen wir ihn nicht zu sehr leiden. Benutzen wir etwas Schnellwirkendes. Quatch!«

»Here, here!«

Unterdessen erhielt die Vereinigung der Klinischen und Gynäkologischen Laboratorien an der Grenze eine Ladung Waffen, um die Ratten einzufangen und per Hubschrauber zu militärischen Zwecken zum Pentagon weiterzuverfrachten. »Wer weiß«, sagte ein amerikanischer General (vielleicht benutzte er auch eine andere stilistische Wendung), »sie könnten per Unterseeboot geschickt werden.« Ein Bürgerkrieg wäre ausgebrochen, wenn es nicht zu einem zufälligen Zwischenfall gekommen wäre. Im Badezimmer im Souterrain des Sitzes der Psychoanalytischen Gesellschaft verstopfte die Toilette.

Wie?

Der Gefangene Dr. Monopus, durch seinen fortgesetzten Mangel an Freiheit in Wut geraten, hatte begonnen, alle möglichen Gegenstände, die den Analytikern gehörten, in die Klosettschüssel zu werfen: Uhren, Krawatten, Schuhe und eine Gesamtausgabe der Werke von Erich Fromm. Bald war alles verstopft. *Die Kunst des Liebens* blockierte den Abfluss zum Hauptrohr.

Man holte den Klempner. Señor Jasón Malvavisco, ein konzessionierter Installateur, erschien mit seinen Helfern. »Da hilft nur Dynamit«, sagte er zu Dr. Monopus, der gerade das stille Örtchen aufsuchen wollte.

»Das ist nicht sehr ratsam«, entgegnete der Arzt. »Schließlich bin ich hier eingesperrt.«

Señor Jasón Malvavisco war ein freundlicher, stets gut gelaunter Mensch, und er bot dem Doktor eine Zigarre an. »Sind Sie vom Fach?«, fragte er Monopus.

»Ich bin Arzt.«

»Nun, in gewissem Sinne bin ich das auch«, sagte Jasón. »Meine Freunde nennen mich Doktor, da ich ja für das Eingeweidesystem der unterirdischen Rohrleitungen der Stadt zuständig bin.«

»Sehr interessant«, sagte Monopus, »aber ich glaube nicht, dass es mit dem Berufsethos vereinbar ist, den Patienten mit Dynamit in die Luft zu jagen.«

Dieser Argumentation beugte sich der Klempner. Auch er hatte seine Prinzipien. »In diesem Falle«, sagte er, »wird es bald einen Riesengestank geben. Da kann man nichts machen ...«

In diesem Augenblick erschienen die sowjetischen Ratten selbst am Ort des Geschehens und probten einen neuen Tanzschritt, den Paso doble Pankreas, eine neuartige Therapie, die auf der Steuerung des Verdauungsapparats durch das Essen von Ziegelsteinen statt Fleisch basierte (und so auch Geld sparte).

Jasón war über die psychologischen Gewohnheiten der Ratten gut informiert, und er verstand es, sich mittels eines symptomatischen Idioms mit ihnen zu verständigen.

»Sie sind bereit«, sagte er schließlich zu Dr. Monopus. »Sie sagen, alles, was sie brauchen, um die Toilette wieder instandzusetzen, sei eine Zange und eine simple Leiter.«

Rasch verschwanden die Sowjetratten in den unterirdischen Rohren.Und sie kamen nie wieder zum Vorschein. Nie wieder tauchten sie im Tageslicht oder im Licht des Mondes auf.

Die Toilette aber war wieder frei.

Was die Psychoanalytiker angeht, so beschlossen sie, mit Knöpfen besetzte Uniformen aus schwarzem Samt zu tragen. Lafftnalger verkündete: »Auch wir haben unsere Würde und unsere eigene Organisation. Trotz allem lebt die Psychologie im Fleisch. Und ohne Fleisch hätten wir keine Patienten. Deswegen ist sogar ein Knochen, der spricht, besser als eine Ratte, die denkt.«

Amen …

*Auch wenn du mir nicht glaubst*
*Schön ist sie, meine Geschicht'*
*Und die Schlange, die sie sang*
*Sang sie aus dem Brunnen heraus.*

*Anfang der 1960er Jahre*

Ikon, 1988, Ei-Tempera auf Holz, 77 x 58 cm,
Privatsammlung

# Die Geschichte vom Glücklichen Leichnam

*Weißes Mädchen Apfelstute*
*die Hirsche und Farne im Wald.*
*Büschel schwarzer Haare, verfangen in einem Dornbusch*
*Sie ging so rasch vorbei*
*Nun ist sie fort.*

Der in Purpur und Gold gekleidete junge Mann, der eine blonde Perücke trug und eine Jukebox schleppte, bekam einen Wutanfall und sank mit einem heftigen Tränenausbruch auf den bemoosten Erdhügel. »Sie ist nie mehr zurückgekehrt«, schrie er.

»Sentimentalität ist eine Form der Ermüdung«, sagte der gräuliche Glückliche Leichnam, auf einer knorrigen Ulme hin- und herschwingend wie ein Wespennest.

»Trotzdem«, schrie der Jüngling, »ich muss sie suchen, denn ich bin verliebt.«

Der Glückliche Leichnam lachte: »Du meinst, dein geheimer Lebensfaden hat sich um eine galoppierende Jungfer geschlungen. Er ist dünn, und an ihm zu ziehen, ist eine sündhafte Verschwendung und ein jämmerliches Bedürfnis.«

Dem jungen Mann fiel die Perücke vom Kopf, einen mit schwarzen Borsten bedeckten Schädel entblößend.

»Freilich«, fuhr der Glückliche Leichnam fort, »wenn

du dich an mir festhältst und dich rittlings auf meinen Rücken setzt, kann ich dir vielleicht helfen, diese Frau zu finden.«

»Hurra!«, kreischte der Jüngling und griff nach dem Leichnam, der zu Asche zerfiel und auf der anderen Seite eines Brombeerstrauchs wieder auftauchte.

»Nicht so schnell.«

Immer rings um den Brombeerstrauch herum jagten sie einander hinterher, und je näher und näher der junge Mann kam, desto mehr verfestigte sich der Leichnam wieder, bis der Jüngling ihm auf den Rücken sprang, woraufhin der Glückliche Leichnam mit dem Fuß aufstampfte, und schon rasten sie los.

Dornsträucher haschten nach den beiden, als sie durch den Wald hetzten. Great Scot, ein abstoßender schwarzweißer Terrier, hing ständig an den Fersen des Leichnams und schnappte nach ihnen. Dieses räudige Geschöpf lauerte an den Orten, an denen die Glücklichen Leichname sich vorzugsweise aufhielten – *lebten* kann man in diesem Fall ja schlecht sagen. Der Hund roch genauso schlecht wie der Leichnam, von daher war es praktisch unmöglich, sie auseinanderzuhalten. Sie sahen nur verschieden aus.

Da der Leichnam voller Löcher und Einschnitte war, konnte er durch jeden Teil seines Körpers sprechen. »Jetzt«, sagte er durch eine Öffnung an seinem Hinterkopf, »erzähle ich dir eine Geschichte.« Der Jüngling stöhnte auf wie eine tote Rassel. Er war zu sehr in Gedanken versunken, um zuzuhören. Dennoch begann die Geschichte. Man stelle sich vor, man höre sich eine Geschichte an, die einem aus einem übel riechenden Loch im Hinterkopf direkt ins Gesicht hinein erzählt wird: Das musste natürlich für das empfindsame Gemüt des jungen Mannes peinigend sein. Aber was man nicht heilen kann, muss man erdulden.

»Die Geschichte«, sagte der Glückliche Leichnam, »handelt von meinem Vater.« Während sie sich aus den Ranken irgendeines giftigen Efeus lösten, fuhr er fort: »Mein Vater war ein Mann, der so exakt und vollständig jedem anderen Menschen glich, dass er gezwungen war, an seinem Mantel ein großes Abzeichen zu tragen für den Fall, dass man ihn mit irgendjemand x-beliebigem verwechselte. Mit *irgendjemandem,* wenn du verstehst, was ich meine. Fortwährend musste er sich anstrengen, um von anderen wahrgenommen zu werden. Das war sehr aufreibend, und wegen der ständigen Festessen, Wohltätigkeitsbasare, Versammlungen, Symposien, Diskussionen, Vorstandssitzungen, Rennveranstaltungen und einfachen *meatings,* bei denen, wie der Name sagt, Fleisch gegessen wurde, schlief er nie. Er konnte niemals länger als eine Minute auf einmal an einem Ort verweilen, denn wenn es nicht so aussah, als sei er ständig beschäftigt, hätte, so fürchtete er, vielleicht jemand geglaubt, er würde nicht woanders dringend gebraucht. So lernte er nie jemanden näher kennen. Es ist ganz unmöglich, wirklich beschäftigt und dabei jemals richtig mit jemandem zusammen zu sein, denn Geschäft heißt, dass man überall, wo man sich befindet, bereits im Begriff ist, anderswohin weiterzueilen. Obwohl noch verhältnismäßig jung, verkam der Ärmste zum menschlichen Wrack.«

Etwas wie ein großer, schwarzer Lappen flog schwerfällig vorbei und rief: »Hände hoch, Treuloser!«

»Was war das?«, fragte der Jüngling erschrocken. Der Glückliche Leichnam lächelte durch das Loch in seinem Hinterkopf. »Das war Dick Turpin, einst Straßenräuber, jetzt für immer ein Geist. Er ist auf dem Weg zum Phantomat.«

»Zum Phantomat?«

»Ja, der Phantomat ist ein automatischer Phantomator. Es gibt viele davon, am laufenden Band, je näher wir der Hölle kommen.«

Zu Tode erschrocken, wurde der Jüngling blau um die Lippen und war viel zu entsetzt, um antworten zu können.

»Um auf meinen Vater zurückzukommen«, fuhr der Leichnam fort, »er wurde schließlich Geschäftsführer in einem Unternehmen. Das heißt, dass er die Leute in der Tat geschäftlich an der Nase herumführte, und zwar mit Unmengen juristischer Dokumente, die bewiesen, dass sie ihm massenweise Geld schuldeten, das sie gar nicht besaßen. ›Unternehmen‹ heißt eigentlich das Erzeugen unnützer Dinge, die aus Dummheit von den Leuten gekauft werden. Je unternehmerischer das Unternehmen ist, desto mehr törichtes Geschwätz ist vonnöten, damit keiner bemerkt, wie sehr Handel und Geschäft auf Sand gebaut sind. Manchmal verkaufen diese Unternehmen buchstäblich gar nichts für einen Haufen Geld, etwa die Lebensversicherungen, die uns einreden, es sei tröstlich und vorteilhaft, eines gewaltsamen und qualvollen Todes zu sterben.«

»Und was geschah mit Ihrem Vater?«, fragte der junge Mann, mehr um angesichts des wachsenden Grauens der Reise den tröstenden Klang seiner eigenen Stimme zu hören. Jetzt vibrierten die Wälder unablässig vor gespenstischen Erscheinungen: wilden Tieren, von verfaulten Dingen überquellenden Mülltonnen, wirr einander nachjagenden Blättern, so dass keine Form je beständig war. Das Gras benahm sich wie lebendig gewordene Spaghetti, und eine Anzahl namenloser Vakuen verursachten Geschehnisse, die stets unheilvoll oder katastrophal waren.

»Mein Vater starb während eines Telefongesprächs an einem Herzanfall und kam dann natürlich in die Hölle. Er schmort jetzt in der Telefonhölle, wo alle unaufhörlich mit den Lippen und mit den Ohren an diesen Apparaten kleben. Das ist sehr qualvoll. Mein Vater wird neunhundertneunundneunzig Billionen Äonen lang an sein Telefon gefesselt sein, bevor er es endlich loswird. Danach kann er vielleicht sogar ein Heiliger werden. Jeder Mensch fährt, bevor er wirklich zu einer echten Wesenheit reift, zunächst einmal zur Hölle, und wenn er nicht gut Acht gibt, muss er hinterher wieder ganz von vorn anfangen.«

»Sie meinen, Ihr Vater ist tatsächlich in der Hölle?«, fragte der Jüngling. »Und wieso erwähnen Sie nie Ihre Mutter?«

Da blieb der Leichnam beinahe stehen. Der Wald lichtete sich, so dass in der Ferne ein Stück Wüste sichtbar wurde.

»Meine Mutter hat sich aus Langeweile umgebracht. Mein Vater war so beschäftigt, dass sie niemanden hatte, mit dem sie sprechen konnte. So aß sie und aß und sperrte sich schließlich in den Kühlschrank ein, wo sie halb erfror und halb erstickte. Auch sie ist zur Hölle gefahren, aber im Kühlschrank und fortwährend essend. Ich habe zur Erinnerung an sie ein Gedicht geschrieben. Es geht so:

*Als Vaters Anblick ihr wurde zur Pein,*
*Schloss Mutter sich in den Kühlschrank ein.*
*Vater, sprach ich, ich bin so aufgewühlt,*
*Denn Mutter ist letzthin so unterkühlt.*«

Nun rannen dem jungen Mann die Tränen übers Gesicht. »Diese Geschichte ist ganz und gar abscheulich. Und sie ist umso schlimmer, als meine eigene arme Mutter sich ebenfalls umgebracht hat. Sie hat sich mit einem Maschinengewehr erschossen.«

Der Glückliche Leichnam blieb abrupt stehen, so dass der junge Mann von seinem Rücken zu Boden fiel. »Kleines Dummerchen«, sagte er, »glaubst du etwa, das wüsste ich nicht? *Ich* bin deine Mutter. Wie hätte ich dich je so nahe an die Hölle getragen, wenn ich eine andere, eine Fremde wäre?«

»Mama?«, stammelte der Jüngling heftig zitternd. »Vergib mir.«

»Du hast immer Erdbeermarmeladebrote zum Tee gegessen.«

Beide hingen eine Zeit lang ihren Erinnerungen an die Marmeladebrote nach. Nach einer Weile sagte der Glückliche Leichnam: »Du tätest jetzt gut daran umzukehren, denn du hast das weiße Mädchen auf dem Apfelschimmel vergessen, so wie diejenigen vergessen, die auf dem Weg zur Hölle sind. Jetzt musst du dich erinnern, und um dies zu tun, musst du allein zurückkehren.«

Damit der Junge seinen Rückweg fände, band der Leichnam mit einem langen schwarzen Haar sein Bein an den Terrier Great Scot. Und schon waren sie fort, und man kann nur hoffen, dass sie den Weg zurück nicht verfehlt haben. Der Glückliche Leichnam löste sich in Asche auf und kehrte, herzhaft lachend, auf den Baum zurück.

*1971*

## Ein mexikanisches Märchen

Es war einmal ein Junge, der lebte in einem Ort namens San Juan. Er hieß Juan, und seine Aufgabe war es, die Schweine zu hüten.

Juan ging nie zur Schule. Niemand in seiner Familie war je zur Schule gegangen, denn dort, wo sie wohnten, gab es so etwas gar nicht.

Eines Tages, als Juan die Schweine zum Fressen von Abfällen hinaustrieb, hörte er jemanden weinen. Die Schweine fingen an, sich merkwürdig zu benehmen, denn die Stimme kam aus einem verfallenen Gebäude. Die Tiere versuchten, in das Gebäude hineinzusehen, waren dazu aber nicht groß genug. Juan setzte sich hin, um nachzudenken. Er überlegte: Diese Stimme lässt mich ein Gefühl von Traurigkeit im Bauch verspüren, es fühlt sich an, als wäre da drinnen ein gefangener Leguan, der herumspringt und zu entfliehen versucht. Ich weiß, dass dieses Gefühl in Wirklichkeit das dünne Stimmchen ist, das dort in den Trümmern weint – ich habe Angst, und auch die Schweine fürchten sich. Aber ich will wissen, was das ist, drum werde ich jetzt zurück ins Dorf gehen und zusehen, ob Don Pedro mir seine Leiter borgt, damit ich über die Mauer klettern und nachsehen kann, wer da so traurige Laute von sich gibt.

Er machte sich auf den Weg zu Don Pedro. »Würdet Ihr mir bitte Eure Leiter borgen?«, fragte er ihn.

»Nein«, erwiderte Don Pedro. »Wozu?«

Es wäre besser gewesen, sagte sich Juan, wenn ich mir etwas ausgedacht hätte, denn wenn ich ihm von der Stimme erzähle, könnte er ihr etwas zuleide tun.

Laut sagte er: »Nun, ein gutes Stück Wegs hinter der Mondpyramide steht ein großer Obstbaum, auf dem eine Menge großer gelber Mangofrüchte wachsen. Diese Mangos sind so dick, dass sie wie Luftballons aussehen. Der Saft, der aus ihnen quillt, ist wie Honig, *aber* sie wachsen so hoch am Baum, dass man sie ohne eine lange Leiter unmöglich pflücken kann.«

Don Pedro sah Juan unausgesetzt an, und der Junge wusste, dass dieser Mann habgierig und faul war, drum stand er nur da und schaute auf seine Füße. Schließlich sagte Don Pedro: »Na schön, du kannst die Leiter geliehen haben, aber du musst mir zwölf von den dicksten Mangos zum Verkaufen auf dem Markt mitbringen. Wenn du mit den Früchten und der Leiter nicht bis heute Abend zurück bist, schlage ich dich so windelweich, dass du mit Beulen, so groß wie die

Mangos, und am ganzen Leib *schwarz* und *blau* herumläufst. Also nimm die Leiter und komm schnell wieder.«

Don Pedro ging zurück in sein Haus, um zu essen. Er dachte bei sich: Mangos hier in den Bergen? Das kommt mir sehr sonderbar vor.

Er setzte sich hin und schrie seine Frau an: »*Bring mir Hackfleisch und Tortillas. Alle Weiber sind dumme Hühner.*«

Die Familie fürchtete sich vor Don Pedro. Er selber hatte schreckliche Angst vor seinem Chef, einem Mann namens Licenciado Gómez, der Krawatten und eine dunkle Brille trug, in der Stadt lebte und ein schwarzes Automobil besaß.

Unterdessen zog und zerrte Juan die lange Leiter hinter sich her: eine anstrengende Arbeit. Als er an dem verfallenen Gebäude ankam, wurde er vor Erschöpfung ohnmächtig.

Alles war still, bis auf das kraftlose Grunzen der Schweine und das trockene Geräusch einer vorbeihuschenden Eidechse.

Die Sonne stand schon tief am Himmel, als Juan plötzlich mit einem Schrei erwachte: »*Ah.*« Irgendetwas blickte auf ihn herab, etwas Grünes, Blaues und Rostfarbenes, glänzend wie ein großer Myrtensauger. Dieses Etwas war ein Vogelweibchen, und es trug ein kleines Schälchen mit Wasser. Seine Stimme klang fein, sanft und fremdartig. Sie sagte: »Ich bin die kleine Enkeltochter der *großen Muttergöttin*, die in der Venuspyramide lebt, und ich bringe dir eine Schale mit erquickendem Wasser, weil du die Leiter so weit getragen hast, um mich zu sehen, nachdem du in deinem Bauch meine Stimme gehört hattest. Das ist übrigens die richtige Stelle zum Hören: der Bauch.«

Trotzdem war Juan so tief erschrocken, dass er fortfuhr, »*Ah, ah, ah, ah, Mama*« zu schreien.

Das Vogelweibchen goss Juan das Wasser ins Gesicht. Ein paar Tropfen rannen ihm in den Mund. Er erhob sich und fühlte sich besser und stand da und sah voller Freude und Entzücken die Vogelfrau an. Er hatte keine Angst mehr.

Die ganze Zeit über bewegten sich die Flügel der Vogelfrau wie ein elektrischer Ventilator, und das so schnell, dass Juan durch sie hindurchsehen konnte. Sie war ein Vogel, ein Mädchen, ein Wind.

Unterdessen waren die Schweine vor Entsetzen allesamt in Ohnmacht gefallen.

»Diese Schweine«, sagte Juan, »tun nichts anderes als fressen, schlafen und noch mehr Schweine in die Welt setzen. Dann töten wir sie und machen sie zu Hackfleisch, das wir als Tortillafüllung verspeisen. Manchmal werden wir sehr krank von ihnen, besonders wenn sie schon lange tot sind.«

»Du verstehst die Schweine nicht«, sagte die Vogelfrau mit wirbelnden Flügeln. »Schweine haben einen Engel.« Hierauf pfiff sie wie ein Schnellzug, und ein kleiner Kaktus wuchs aus dem Boden hervor und schlüpfte in die Schale, die der Vogel vor sich hingestellt hatte.

»Piu, Piu, kleiner Diener«, sagte sie, »schneide dich

in Stücke und verfüttere dich an die Schweine, damit sie vom Schweineengel beseelt werden.«

Der Piu genannte Kaktus zerschnitt sich mit einem Messer, das so scharf war und so geschwind arbeitete, dass man es gar nicht sehen konnte, in kleine, runde Stücke.

Diese kleinen Piu-Portionen sprangen ganz von selbst in die Schnauzen der bewusstlosen Schweine, die daraufhin zu Hackfleisch zerfielen, das in seiner eigenen Hitze schmorte.

Der Geruch von leckerem Schweinehackbraten ließ Juan das Wasser im Mund zusammenlaufen. Lachend wie ein glucksendes Abflussrohr zog die Vogelfrau ein Teleskop und eine Pinzette hervor, nahm damit die Schweinefleischstücke und tat sie in ihr Schälchen. »Die Engel müssen gefressen werden«, sagte sie und verfärbte sich von grün zu blau. Ihre Stimme an die dunklen Höhlen unter der Erde richtend, rief sie: »Schwarzer Maulwurf, Schwarzer Maulwurf, komm hervor und bereite die Soße zu, denn Juan wird gleich den Engel essen, er ist hungrig und hat seit Tagesanbruch nichts zu sich genommen.«

Der Neumond erschien am Himmel.

Und während der Boden rumpelte und pumpelte, streckte Schwarzer Maulwurf seine bestirnte Schnauze aus ihm hervor; danach kamen flache Hände zum Vorschein und ein Fell, das trotz der vielen Erde ganz glatt und sauber war.

»Ich bin blind«, sagte das Tier, »aber ich trage einen Stern vom Firmament auf meiner Nase.«

Jetzt wirbelte die Vogelfrau so schnell mit ihren Flügeln herum, dass sie zu einem Regenbogen wurde, und Juan sah, wie sie sich in einem weiten, in allen Farben erstrahlenden Bogen in die Mondpyramide ergoss. Doch er achtete nicht darauf, denn der Duft des schmorenden Schweinefleischs bewirkte, dass Essen sein einziges Begehren war.

Der Maulwurf zog alle möglichen Arten von Chili- und Paprikaschoten aus der Beuteltasche hervor, die er bei sich trug. Er nahm zwei große Steine, zerkleinerte damit die Schoten und die Samenkörner zu einer breiigen Masse, spuckte dann darauf und schüttete das Ganze in die Schale mit dem bratenden Schweinefleisch.

»Ich bin blind«, sagte der Maulwurf, »aber ich kann dich durch das Labyrinth führen.«

Nun krochen rote Ameisen, die Maiskörner schleppten, aus dem Boden hervor. Jede Ameise trug ein Armband aus grüner Jade an jedem ihrer dünnen Beinchen. Bald war eine große Menge Mais gemahlen. Aus dem Mehl formte der Maulwurf mit seinen flachen Händen Tortillas.

Alles war bereit für den Festschmaus. Nicht einmal am San-Juans-Tag war je so etwas Üppiges auf den Tisch gekommen.

»Iss jetzt«, sagte der Maulwurf.

Juan tunkte seine Tortilla in die Schale und aß, bis er restlos vollgestopft war. »Noch nie hatte ich so viel zu essen, noch nie«, sagte er in einem fort. Sein Bauch erinnerte an eine übermäßig dicke Melone.

Der Maulwurf stand die ganze Zeit daneben und

sagte nichts, nahm aber mit seiner Nase alles wahr, was um ihn herum geschah.

Als Juan die letzten Reste des fünften Schweins aufgegessen hatte, fing der Maulwurf an zu lachen. Juan hatte den Bauch so voller Essen, dass er sich nicht mehr rühren, sondern nur noch mit großen Augen auf den Maulwurf blicken und sich fragen konnte, was da so komisch war.

Der Maulwurf trug unter seinem weichen Fell eine Scheide bei sich. Blitzschnell zog er daraus einen scharfen Degen hervor, und wutsch und zack zerhackte er Juan in kleine Stücke, genau so, wie Piu sich in Scheiben geschnitten hatte, um mit ihnen die Schweine zu füttern.

Der Kopf und die Hände, die Füße und die Gedärme des kleinen Juan sprangen kreischend in der Gegend herum. Zärtlich nahm der Maulwurf den Kopf des Jungen in seine Schaufelhände und sagte: »Hab keine Angst, Juan, das ist nur ein erster Tod, und bald wirst du wieder lebendig sein.«

Hierauf spießte er den Kopf auf den Stachel einer Agave und tauchte in die harte Erde ein, als wäre sie Wasser.

Alles war still jetzt. Die schmale Sichel des Neumonds hing hoch über den Pyramiden.

## María

Der Brunnen lag weit entfernt. María kehrte mit einem Eimer Wasser, der fortwährend überschwappte, zur Hütte zurück. Don Pedro, Marías Vater, brüllte: »Ich werde diesem milchbärtigen Schnösel Juanito die

Hosen strammziehen. Er hat meine Leiter gestohlen. Als ob ich nicht wüsste, dass hier in der Gegend gar keine Mangobäume wachsen! Ich werde ihn prügeln, bis er um Gnade bettelt. Euch alle werde ich prügeln. *Warum ist mein Essen nicht fertig?*«

Und Don Pedro zeterte weiter: »Ist sie noch nicht mit dem Wasser zurück? Ich werde ihr eine Tracht Prügel verabreichen. Den Hals drehe ich ihr um wie einem Huhn. Du bist keine gute Frau, deine Kinder sind missraten. *Ich bin der Herr im Haus. Ich bestimme, was getan wird. Umbringen werde ich diesen Dieb.*«

María hatte Angst. Sie war stehen geblieben, um hinter einer großen Agave zu lauschen. Don Pedro war betrunken. Jetzt schlägt er meine Mutter, dachte sie. Eine magere gelbe Katze rannte tödlich erschrocken vorbei. Auch die Katze hat Angst, dachte María, wenn ich jetzt hineingehe, wird er mich schlagen, vielleicht bringt er mich sogar um wie ein Huhn.

Geräuschlos stellte sie den Eimer Wasser ab und ging in nördlicher Richtung auf die Mondpyramide zu.

Es war dunkel. María fürchtete sich, aber mehr noch hatte sie Angst vor ihrem Vater Don Pedro. Sie versuchte, sich an ein Gebet zur Jungfrau von Guadalupe* zu erinnern, aber jedes Mal, wenn sie gerade »*Ave María*« sagen wollte, hörte sie ein Lachen.

Ein paar Meter vor ihr auf dem Weg wirbelte eine Staubwolke auf. Daraus sprang ein kleiner Hund hervor. Er hatte keine Haare und eine gefleckte graue Haut wie ein Huhn.

* die mexikanische Nationalheilige (Anm. d. Übers.)

Der Hund kam zu ihr gelaufen, und sie sahen einander an. Das Tier hatte etwas Unverwechselbares und Würdevolles. María begriff, dass es ein Verbündeter war. Sie dachte: Dieser Hund ist ein Alter.

Der lief nun in nördlicher Richtung, und María folgte ihm. Eine Weile gingen – manchmal liefen – sie so dahin, bis sie zu dem verfallenen Gebäude kamen. Und plötzlich stand María vor dem abgehackten Kopf Juans.

Ihr Herz pochte wild. Tiefer Schmerz übermannte sie, und sie vergoss eine Träne, die hart war wie Stein und schwer zu Boden fiel. Sie hob sie auf und legte sie in den Mund von Juans Kopf.

»Sprich«, sagte María, die mit einem Mal alt und voller Weisheit war. Juan erwiderte: »Mein Leib ist ringsumher verstreut wie eine zerrissene Halskette. Sammele ihn ein und nähe ihn wieder zusammen. Mein Kopf ist einsam ohne meine Hände. Alle meine Glieder sind einsam ohne meinen übrigen armen Körper, der zerhackt ist wie Gulaschfleisch.«

María brach von der Spitze einer Agave einen Stachel ab, machte aus den Fasern des Blattes der Pflanze einen Faden und sagte zu der Agave: »Vergib mir, dass ich deine Nadel nehme, vergib mir, dass ich durch diese Nadel eine Faser deines Körpers ziehe, vergib mir, dass ich liebe, vergib mir, dass ich bin, was ich bin, und nicht weiß, was dies alles bedeutet.«

Währenddessen weinte, wimmerte und klagte Juans Kopf in einem fort: »Ah, ah, ah. Mein armes Ich, ich Armer, mein armer Leib. Beeil dich, María, näh mich zusammen. Mach schnell, denn wenn die Sonne aufgeht und die Erde sich vom Firmament abwendet, werde ich nie wieder ganz sein. Beeil dich, María, beeil dich. Ah, ah, ah!«

María machte sich emsig an die Arbeit, und der Hund holte unablässig die Teile des Körpers zusammen, die sie mit sorgfältigen Stichen aneinandernähte. Jetzt nähte sie den Kopf an, und schließlich fehlte nur noch das Herz. María hatte in Juans Brust eine kleine Tür freigelassen, um es dort einzusetzen.

»Hund, Hund, wo ist Juans Herz?« Da oben lag es auf der Mauer des verfallenen Gebäudes. Juan und María setzten Don Pedros Leiter an, und Juan begann hinaufzuklettern, aber María sagte: »Hör auf, Juan. Du kommst an dein eigenes Herz nicht heran, du musst mich hinaufsteigen und es holen lassen. Hör auf.«

Doch Juan stellte sich taub und kletterte weiter. Gerade, als er die Hand ausstreckte, um nach seinem Herzen, das noch schlug, zu greifen, stieß vom Himmel ein schwarzer Geier herab, packte das Herz mit seinen Krallen und flog in Richtung Mondpyramide davon. Juan schrie laut auf und fiel von der Leiter; aber María hatte seinen Leib so gut zusammengenäht, dass er sich nicht ernstlich verletzte.

Aber sein Herz war weg.

»Mein Herz«, jammerte er. »Dort oben lag es und schlug ganz allein auf der Mauer, rot und glitschig. Mein schönes Herz. Ah, ich Armer, ich Armer. Dieser garstige schwarze Vogel hat mich vernichtet, ich bin verloren.«

»Sei still jetzt«, sagte María. »Wenn du einen solchen

Lärm machst, kann der *Nagual** mit seinen Flügeln aus Stroh und seinen kristallenen Hörnern uns hören. Pst, sei still, Juan.«

Der haarlose Hund bellte zweimal und lief in eine Höhle, die sich plötzlich wie ein Mund geöffnet hatte. »Die Erde ist lebendig«, sagte María. »Wir müssen uns ihr als Nahrung hingeben, um dein Herz zu finden. Komm, folge dem Esquinclé.«

Sie blickten in den tiefen Schlund der Erde und fürchteten sich.

»Wir nehmen die Leiter«, sagte María, »und klettern hinab.« Weit unten hörten sie das Bellen des Hundes.

Als sie sich anschickten, die Leiter hinab in die dunkle Erde zu steigen, graute hinter der Sonnenpyramide der erste fahle Schimmer des neuen Tages. Der Hund bellte. María stieg langsam die Leiter hinunter, und Juan kletterte ihr nach. Über ihnen schloss die Erde lächelnd ihren Mund. Dieses Lächeln gibt es immer noch: als langer Spalt in der harten Tonerde.

Unten stießen sie auf einen Durchgang, der die Form eines langen, sehr mageren Mannes hatte. Hand in Hand gingen Juan und María in diesen Körper hinein. Sie wussten jetzt, dass es kein Zurück für sie gab und dass sie immer weiter gehen mussten. Juan schlug sich

* im indigen-mexikanischen Glauben Geist oder Tier, mit dem der Mensch seine Seele teilt und der sein göttliches Alter ego ist. Der *nagual* (oder *tonal*) entsteht kurz nach der Geburt eines Menschen, und stirbt dieser, so hört auch jener auf zu existieren – und umgekehrt (Anm. d. Übers.).

zweimal auf die Öffnung in seiner Brust: »Oh, mein armes, verlorenes Herz, oh, mein gestohlenes Herz.«

Sein Wehklagen lief vor ihnen her und verhallte. Es war eine Botschaft. Nach einer Weile kam polternd ein lautes Getöse zurück. Sie drängten sich zitternd aneinander. Eine Treppenflucht mit engen, glitschigen Stufen führte noch tiefer hinab. Unter sich konnten sie den Roten Jaguar sehen, der unter den Pyramiden lebt. Die Großkatze bot einen furchterregenden Anblick, aber es gab kein Zurück. Bebend stiegen sie die Treppe hinab. Der Jaguar tobte vor Wut. Er hatte schon viele Herzen gefressen, aber das war lange her, und jetzt wollte er Blut.

Als sie näher kamen, wetzte der Jaguar am Felsgestein seine Krallen, bereit, das Fleisch der beiden zarten Kinder zu verschlingen.

María war traurig, dass sie so tief unter der Erde sterben sollte. Sie vergoss noch eine Träne, die in Juans geöffnete Hand fiel. Die Träne war hart und spitz. Juan warf sie der Bestie mitten ins Auge, aber sie prallte zurück: Der Jaguar war aus Stein.

Sie gingen nun schnurstracks zu ihm, berührten ihn und strichen über den harten roten Körper und die Obsidianaugen. Sie lachten und setzten sich auf seinen Rücken; der steinerne Jaguar rührte sich nicht. So spielten sie, bis plötzlich eine Stimme rief: »María. Juan. Juan. Marí.«

March Sunday, 1990, Öl auf Leinwand,
91,5 x 61 cm, Privatsammlung

Ein Schwarm Kolibris schwirrte in Richtung der Stimme vorbei.

»Die Ahnfrau ruft uns«, sagte María lauschend. »Wir müssen zu ihr zurück.«

Sie krochen unter den Bauch des steinernen Jaguars. Dort stand groß und schwarz der Maulwurf mit einem silbernen Degen in einer seiner großen Hände. In der anderen hielt er einen Strick. Damit band er die beiden Kinder fest zusammen und schleppte sie vor das Angesicht der Großen Vogelfrau. Vogel, Schlange, Göttin – da saß sie in allen Farben des Regenbogens und voller kleiner Fenster mit Gesichtern, die herausschauten und die Töne eines jeden lebenden und toten Dinges sangen – dies alles wie das Schwärmen von Bienen, Millionen Bewegungen in einem einzigen reglosen Körper.

María und Juan sahen sich verwundert an, bis der Maulwurf den Strick durchtrennte, der sie aneinander fesselte. Sie lagen am Boden und sahen hinauf zum Abendstern, der durch eine Öffnung im Gestein strahlte.

Der Maulwurf schichtete Zweige aus wohlriechendem Holz auf einen Rost. Als er damit fertig war, schleuderte die Vogelschlangenmutter einen Feuerstrahl aus ihrem Mund, und das Holz ging in Flammen auf. »María«, riefen Millionen Stimmen, »spring ins Feuer und nimm Juan bei der Hand, er muss mit dir verbrennen, so werdet ihr beide zu einem einzigen, ganzen Wesen. Das ist Liebe.«

Sie sprangen ins Feuer und stiegen als Rauch durch die Öffnung im Gestein empor, um sich mit dem

Abendstern zu vereinigen. Juan-Marí – sie waren ein einziges, vollständiges Geschöpf. Sie werden dereinst zur Erde zurückkehren als ein Wesen mit Namen Quetzalcoatl.*

Juan-Marí sind immer noch auf dem Weg zurück, deshalb hat diese Geschichte kein Ende.

*1970er Jahre, ältere Fassung wohl um 1947/48*

* die Gefiederte Schlange, zentrale Gottheit verschiedener mesoamerikanischer Kulturen. Quetzalcoatl erschuf die Menschen neu, indem er ins Totenreich hinabstieg, dort die Gebeine früherer Weltzeitalter einsammelte und zum Ort des Ursprungs brachte, wo die Muttergöttin sie zerrieb, bevor Quetzalcoatl sein männliches Glied darüber zur Ader ließ. Später soll er sich ins Feuer gestürzt haben, und aus der Asche, heißt es, habe sein Herz sich erhoben und in den Morgenstern verwandelt. Manche indigenen Völker Mesoamerikas erwarteten, dass Quetzalcoatl eines Tages aus dem Osten zurückkehren würde, was zu der tragischen Verwechslung mit dem spanischen Eroberer Hernán Cortés führte. (Anm. d. Übers.)

# Nachwort
# Zu Leben und Werk Leonora Carringtons

Am 6. April 1917 wird Leonora Mary Carrington als Kind streng katholischer, zur britischen Großbourgeoisie gehörender Eltern in der englischen Industriegrafschaft Lancashire geboren. Ihr Vater ist Harold Wilde Carrington, Textilmagnat, später Hauptaktionär des Chemieriesen Imperial Chemical Industries und ein äußerst nüchterner, harter Geschäftsmann. Mutter Maureen, eine Irin zweifelhafter Abstammung, erzählt ihrer kleinen Tochter häufig irische Märchen und Sagen. Die keltische Mythologie wird später eine zentrale Inspirationsquelle für Carringtons malerisches und schriftstellerisches Werk sein. 1920 bezieht Harold Carrington, immer reicher werdend, mit seiner Familie ein Schlösschen nahe Lancaster. Leonora und ihre drei Brüder werden u.a. von einer französischen Gouvernante und einem geistlichen Hauslehrer betreut. Leonora, die schon früh etwas Jungenhaft-Wildes hat, behagt diese Umgebung nicht; sie flüchtet sich in ihre Fantasiewelt. Eine irische *nanny* füttert sie mit irischen und deutschen Märchen, mit Gespenstergeschichten und keltischen Sagen, liest ihr Lewis Carrolls *Alice im Wunderland* vor – geistige Nahrung, von der die spätere Künstlerin ihr Leben lang zehren wird. Leonora ist ein fantasiebegabtes Kind und eine lebhafte Träumerin;

Crookhey Hall, das Haus von Leonora Carringtons Eltern

sie liebt Tiere, vor allem Pferde, und sie zeichnet und erfindet Geschichten. 1926 und 1927 wird sie wegen ungebührlichen Benehmens nacheinander zweier Klosterschulen verwiesen. 1932 schickt man sie für neun Monate in ein englisches Mädchenpensionat in Florenz. Sie lernt, »richtig« zu malen, studiert in den Uffizien und bei Schulausflügen nach Rom und Siena die italienische Malerei und begeistert sich vor allem für bestimmte Sieneser Meister des *trecento* und des *quattrocento*, die ihr die Existenz von anderen Welten als der vordergründig realen zu beweisen scheinen. Technisch und formal, aber auch inhaltlich werden diese Maler einen großen Einfluss auf Carringtons eigenes späteres Werk ausüben, das immer figurativ, aber entschieden antirealistisch sein und in erzählerischer

Form von ihren inneren Visionen und geistigen Abenteuern Zeugnis ablegen wird. Zunächst aber wird sie 1933 zur Erlernung feiner Lebensart auf eine *finishing school* nach Paris geschickt, die sie auf ihre künftige gesellschaftliche Rolle in Englands *upper class* vorbereiten soll. Nach einigen Monaten wirft man sie erneut hinaus. Aus einer ähnlichen Anstalt, ebenfalls in Paris, flieht sie bei Nacht und Nebel.

1934 wird sie offiziell bei Hof vorgestellt. »So machte ich die ganze Saison in London mit, die königliche *garden party*, die aus einem *tea* in einem Zelt neben dem Buckingham Palace besteht.« Ihre Eltern feiern ihren Eintritt in die *high society* mit einem Ball ihr zu Ehren im Londoner »Ritz«, und Mutter Maureen träumt von einer Heirat ihrer Tochter mit einem Angehörigen der Königsfamilie. Doch Leonora erklärt, sie wolle Malerin werden. Der Vater ist entsetzt, aber die 17-Jährige trotzt ihm die Erlaubnis ab, in London Mal- und Zeichenunterricht zu nehmen. 1936 wird Leonora dort Schülerin des berühmten französischen Malers Amédée Ozenfant (1886–1966). Sie muss monatelang einen Apfel zeichnen, malt zu Hause aber Bilder, die ihrer Fantasie entspringen und auf denen es von Tieren wimmelt. Ozenfants nachkubistischer Purismus hat keinerlei Wirkung auf ihre Malerei. Im gleichen Jahr 1936 begegnet Leonora gleich mehrfach dem Surrealismus. »Ich hatte nie etwas von Surrealismus gehört. [Meine Mutter] schenkte mir […] das Buch von Herbert Read [i. e. *Surrealism*, London 1936]. Das fand ich sehr aufregend, denn ich spürte eine starke Affinität zu den Surrealisten.« Im Sommer 1936 sieht Leonora in London die von französischen und englischen Surrealisten organisierte *International Surrealist Exhibition*, die alles präsentiert, was die mittlerweile in mehreren Ländern, darunter England, verbreitete Bewegung an Bildpoesie geschaffen hat: ein großes Erlebnis für sie. Im Sommer 1937 ist der Surrealist Max Ernst wegen einer Einzelausstellung seiner Werke in London, und Leonora lernt ihn persönlich kennen. Der 46-Jährige und die 20-Jährige verlieben sich ineinander, und Leonora beschließt, Ernst, damals mit Marie-Berthe Aurenche verheiratet, nach Paris zu folgen, was ihr Vater mit allen Mitteln zu verhindern sucht. Aber erst einmal machen sie und Max Ferien in Cornwall, wohin u. a. Ernsts Freund Paul Éluard, der englische Surrealist Roland Penrose und seine Lebensgefährtin Lee Miller sowie Eileen Agar und Man Ray das Paar begleiten.

Vermutlich im Herbst 1937 siedelt Leonora nach Paris über. Dank Ernst findet sie rasch Eingang in die Pariser Surrealistengruppe um André Breton. Bereits bei der nächsten großen Surrealismus-Ausstellung, Anfang 1938 in Paris, sind zwei Bilder von ihr zu sehen. Leonora malt nicht nur, sie schreibt auch. Anfang 1938 erscheint ihre Erzählung *La Maison de la peur* (Das Haus der Angst) mit drei Collagen und einem einleitenden Text von Max Ernst, betitelt »Loplop stellt *die Windsbraut* vor«. 1939 kommt, diesmal mit sieben Collagen von Ernst, der Erzählungsband *La Dame ovale* (Die ovale Dame) heraus. Fast alle frühen Texte Leonoras sind in einem bizarren Französisch verfasst, das von Freunden in eine lesbare Form gebracht wird. Später sagt sie über ihre Zeit in Paris: »Max lehrte mich eine neue Lebensweise – ich selbst zu sein. Er ließ mich die Vorstellungen und Visionen entwickeln, die ich seit der Kindheit hatte, und führte mich in den Surrealismus ein.« Marie-Berthes rasende Eifersucht sowie Zwistigkeiten in der Surrealistengruppe veranlassen Ernst, Paris zusammen mit seiner »Windsbraut« zu verlassen. Wahrscheinlich im Frühjahr 1938 siedeln beide in das Dorf Saint-Martin-d'Ardèche über, etwa 40 km nördlich von Avignon an der Einmündung des Ardèche-Tals in das Tal der Rhône gelegen. Über die nun folgende Periode in Carringtons Leben berichtet recht ausführlich Silvana Schmids Buch *Loplops Geheimnis. Max Ernst und Leonora Carrington in Südfrankreich* (1996). Zunächst leben die beiden in einem Dachzimmer über einem Bistro. Im August dieses Jahres erwirbt Leonora mit etwas Geld ihrer Mutter ein altes Bauernhaus mit ein wenig Land außerhalb von Saint-Martin. Sie und Ernst brauchen über ein Jahr, um das Gebäude bewohnbar zu machen, das der Maler dann mit Reliefs, Skulpturen und einem Fresko ausschmückt. Leonora schreibt viel, u. a. die Erzählungen »Die ovale Dame«, »Die Debütantin«, »Der königliche Befehl«, »Der Verliebte«, »Onkel Sam Carrington«, »Die Schwestern«, »Wenn sie vorbeikamen«, »Jemima und der Wolf«, »Alle Vögel fliegen hoch«, »Die drei Jäger«, »Monsieur Cyril de Guindre« und »Traurig und deprimiert« – allesamt in recht extravagantem Französisch. Auf die Frage, wie das Leben in Saint-Martin-d'Ardèche gewesen sei, antwortet Leonora 45 Jahre danach: »Es war eine Art Paradies für mich als junge Frau, dieses Gefühl der

Leonora Carrington, um 1930

Freiheit, das natürlich wegen des Krieges nicht lange anhielt.« Die politischen Verhältnisse in Deutschland, wo seine erste Frau, eine Jüdin, und sein Sohn leben, bereiten Ernst große Sorgen. Die Kriegsgefahr wächst. Private Unannehmlichkeiten gibt es dadurch, dass Marie-Berthe auch in Saint-Martin ihre eifersüchtigen Nachstellungen fortsetzt. Als Ernst deswegen im Herbst 1938 für einige Zeit nach Paris geht, bleibt Leonora tief deprimiert zurück. In ihrer langen, im

Winter 1938/39 in englischer Sprache geschriebenen Erzählung »Little Francis« (dt. in *Das Haus der Angst*, 2008) legt sie in kaum verschlüsselter Form Zeugnis von ihrer inneren Not ab. Im Frühjahr 1939 kehrt Ernst nach Saint-Martin zurück – und mit ihm das gemeinsame Glück. Im Laufe des Jahres 1939 erscheinen, aus Paris und England anreisend, des Öfteren Besucher in dem alten Haus: die befreundeten Malerinnen Leonor Fini und Remedios Varo (letztere die Lebensgefährtin des surrealistischen Dichters Benjamin Péret), Lee Miller und Roland Penrose sowie die reiche amerikanische Kunstsammlerin Peggy Guggenheim.

Fremdartig-märchenhaft, bizarr und originell wirken Carringtons Texte, obgleich sie in einer bestimmten, vor allem britischen Tradition stehen, die bis zur *gothic novel* zurückreicht. Die frühen Erzählungen, wie die Gemälde dieser Zeit stark autobiografisch gefärbt, sind Ausdruck der Revolte der jungen Künstlerin gegen eine als Gefängnis empfundene gesellschaftliche Welt, die erstarrt und dekadent ist und sich häufig in der autoritär-übermächtigen Figur des Vaters verkörpert. Gegen diese patriarchalische Gestalt lehnen sich Carringtons Protagonistinnen, meist heranwachsende Mädchen oder junge Frauen, vehement auf. Sie sind Einzelgängerinnen, die ihrer Gesellschaftsschicht, ja den Menschen insgesamt mit Misstrauen und Ablehnung begegnen. Sie lieben mehr die übrige Kreatur, für sie gibt es keine Grenze zwischen Mensch und Tier, zuweilen nicht einmal zwischen Mensch und Pflanze, und mühelos, wie im Märchen, kommunizieren sie mit Hyänen, Pferden und Wölfen. Nach Leonoras »Philosophie« birgt der Mensch in seinem Inneren viele Ichs, die es zu entdecken gilt. Vor allem geht es ihr darum, dem Animalischen, Instinkthaften, Wilden in sich zu begegnen, ohne das der Mensch für sie ein unvollständiges, sich selbst entfremdetes Wesen ist. Zugleich Mensch *und* Tier, Kultur *und* Natur, Zivilisation *und* Wildnis zu sein, bedeutet in ihren Augen, eine höhere, ja göttliche Stufe des Seins zu erreichen. Aber ihre Texte enthalten noch andere Bedeutungsebenen. Nicht nur das ursprunghaft Animalische findet, den Menschen befreiend und erhöhend, Eingang in den Lebensraum ihrer Figuren, sondern auch Mythisches und Magisches. Die bei ihr häufigen Bilder von Schnee und Eis etwa deuten, wie die immer wieder auftauchenden Pferde, auf die irischen Märchen und Sagen zurück, mit denen sie als Kind gefüttert wurde, und diese verweisen auf die uralte Mythologie der Kelten, deren Weltbild sich von der uns vertrauten griechisch-römisch geprägten Wirklichkeitsauffassung u. a. dadurch unterscheidet, dass es keine feste Grenze zwischen greifbarer und ungreifbarer Wirklichkeit, Diesseits und Jenseits, Leben und Tod usw. kennt. Was Carrington jedoch an der keltischen Mythologie vor allem anzieht und noch lange anziehen wird, sind die in ihr verbreiteten Vorstellungen von der schöpferischen Kraft des Weiblichen, womit sie über Jahrtausende männlich-patriarchalisch dominierter Kultur hinweg auf eine versunkene Welt zurückgreift, in der weibliche Göttinnen herrschten. Früh zeigt sich auch ihre Neigung zu verschiedenen Gebieten der Esoterik und des Okkultismus, namentlich zur Alchemie. Mit dieser ist sie schon in London ein

Leonora Carrington, 1934

wenig vertraut, dann mehr noch durch Max Ernst, der wie die meisten Surrealisten an den geheimen Wissenschaften lebhaft interessiert ist. Ernst macht sie auch ein wenig mit den Ideen C. G. Jungs bekannt. In Paris ist Leonora dem surrealistischen Maler Kurt Seligmann begegnet, einem Experten auf dem Gebiet der Esoterik, der ihr wertvolle Hinweise gibt. Der Arzt Pierre Mabille, ein Freund der Surrealisten, hat sie in die Kabbala, also die jüdische Mystik, eingeführt.

Im Spätsommer 1939 neigt sich Leonoras Paradies in Saint-Martin-d'Ardèche seinem Ende zu. Am 1. September '39 beginnt der Zweite Weltkrieg, in den zwei Tage später auch Frankreich eintritt. Obwohl Max Ernst ein erbitterter Gegner des Nazismus ist, gilt er in Frankreich nun plötzlich als »feindlicher Ausländer«. Man inhaftiert ihn und sperrt ihn Ende Oktober 1939 sogar in das Internierungslager Les Milles bei Aix-en-Provence. Ende Mai 1940 schleppt man ihn erneut dorthin. Leonora ist der Verzweiflung nahe und sucht die Situation schreibend zu bewältigen, indem sie im Frühjahr 1940 das dreiaktige Theaterstück *The Baa-Lamb's Holiday* (Das Fest des Lamms) zu Papier bringt. Hauptfigur des Dramas ist wieder eine mädchenhaft junge Frau, Theodora, aufsässig wie viele Figuren Carringtons aus dieser Zeit. Als die deutschen Truppen immer weiter nach Süden vorrücken, erleidet Leonora einen psychischen Zusammenbruch. Eine zu Besuch weilende Freundin drängt sie zur Flucht nach Spanien; sie willigt ein. Bevor sie losfährt, erteilt sie ihrer ehemaligen Wirtin die Vollmacht, ihr Haus samt Inventar zu verkaufen – zu einem Spottpreis. Silvana Schmid dazu in *Loplops Geheimnis*: »In einer halben Stunde ist Leonora alles los, was Max und sie […] mit ihren Händen und ihrem Genie geschaffen haben: das Haus, die Reben, das Relief, die Skulpturen im Garten, die Wandmalereien, alle Bilder, die Max und sie in Saint-Martin gemalt haben, ihre Möbel. Und die Kunstwerke der surrealistischen Freunde, die Max gehörten, obendrein.« Auch ein großer Teil von Leonoras literarischen Arbeiten geht anscheinend verloren. Aber Anfang der 1980er Jahre tauchen, offenbar zu einem versprengten Teil des Nachlasses von Max Ernst gehörend, den der Kunsthistoriker und Ernst-Experte Werner Spies an die französische Surrealismus-Forscherin und Carrington-Kennerin Jacqueline Chénieux-Gendron weitergibt, diverse Bündel mit Typoskripten auf, die sich als frühe Erzählungen Carringtons entpuppen. 1986 werden diese Texte – »Wenn sie vorbeikamen«, »Jemima und der Wolf«, »Alle Vögel fliegen hoch«, »Monsieur Cyril de Guindre« sowie »Little Francis« – in einem von Chénieux-Gendron edierten Band mit dem Titel *Pigeon vole. Contes retrouvés* (Alle Vögel fliegen hoch. Wiedergefundene Erzählungen) in Frankreich veröffentlicht.

Am 20. Juni 1940, zwei Tage bevor das geschlagene Frankreich ein Waffenstillstandsabkommen mit Nazi-Deutschland abschließt, begibt sich Leonora mit ihrer Freundin per Auto auf den Weg nach Spanien. Es ist für sie eine Reise in den Wahnsinn, nach deren Ende sie nicht mehr dieselbe Person sein wird. In Andorra sorgt Harold Carrington aus der Ferne dafür, dass seine Tochter ins damals franquistische Spanien einreisen kann. Über Barcelona führt die Reise Anfang August 1940 nach Madrid, wo Leonora im Prado Werke von Hieronymus Bosch und Pieter Brueghel sieht, die sie tief beeindrucken und die später ihre eigene Malerei beeinflussen werden. Meistens aber irrt sie in einem Zustand größter geistiger Verwirrung durch die spanische Hauptstadt. Über die dortige Vertretung seiner Imperial Chemical veranlasst Vater Carrington, dass Leonora Ende August 1940 in eine psychiatrische

Anstalt im nordspanischen Santander eingeliefert wird. Es beginnt für sie eine mehrere Monate dauernde grauenvolle Leidenszeit. Man fesselt sie ans Bett, lässt sie in ihrem Auswurf liegen, behandelt sie brutal und bricht ihren Widerstand schließlich mit Injektionen eines Medikaments, das epilepsieartige Anfälle hervorruft und das sie Angst in ihrer intensivsten Form erleben lässt: »Plötzlich befanden sich [die Wärter] José, Santos, Mercedes, Asegurado und Piadosa im Raum«, berichtet Carrington später in einem *En bas* (Unten) betitelten Bericht über diese Erlebnisse. »Jeder von ihnen packte mich an einer Stelle meines Körpers, und ich sah, wie das *Innere* aller Augen auf mich geheftet war, und ihr Blick war GRÄSSLICH, GRÄSSLICH. Don Luis' Augen zerrissen mir das Gehirn, und ich stürzte, stürzte in einen Schacht … immer tiefer … Am Grunde des Schachts erwartete mich der *Stillstand*, ein ewiger Stillstand in der äußersten Angst.« Silvester 1940 lässt man Leonora unter Bewachung nach Madrid zurückkehren, wo sie erfährt, dass ihr Vater sie zur Weiterbehandlung in eine Heilanstalt nach Südafrika befördern lassen will, was sie entschieden ablehnt. Man bringt sie nach Lissabon, von wo sie per Schiff weiterreisen soll. Doch sie entkommt ihrer Bewacherin und findet Zuflucht in der Botschaft Mexikos, des europäischen Flüchtlingen damals am gastfreundlichsten gegenüberstehenden Landes. Ein Freund aus Pariser Tagen, der mexikanische Diplomat Renato Leduc, schlägt ihr vor, sie formell zu heiraten, damit sie ein Visum zur Einreise nach Mexiko erhalten kann. Leonora willigt ein, obwohl sie immer noch Max Ernst liebt.

Im Frühjahr 1941 taucht überraschend eben dieser Max Ernst in Lissabon auf. Auch er hat eine höchst abenteuerliche Odyssee mit einem dritten Aufenthalt in Les Milles, der Rückkehr nach Saint-Martin, wo er von Leonoras Verschwinden erfährt und heimlich einige von seinen und ihren Werken retten kann, sowie in Marseille hinter sich, wo er im Dezember 1940 eine Reihe von Surrealisten wiedertrifft, die wie viele andere Verfolgte Europa verlassen möchten. Schließlich hat er sich bis in die portugiesische Hauptstadt durchgeschlagen, weil er hofft, hier Leonora zu treffen und mit ihr nach Übersee zu gehen. Da sie verheiratet ist und er in Begleitung Peggy Guggenheims, die heftig in ihn verliebt ist und Anspruch auf ihn erhebt, weigert sie sich, zu Max zurückzukehren. Zwei Monate lang sehen sich Leonora und Ernst, der nun seinerseits der Verzweiflung nahe ist, fast täglich. Am 14. Juli 1941 fliegt Ernst mit Peggy nach New York, wenig später reisen auf einem Flüchtlingsschiff auch Leduc und Leonora dorthin, sie mit einigen Bildern von Ernst und sich selbst im Gepäck. In New York setzt sich das Drama der Liebenden von Saint-Martin noch eine Zeit lang fort. Leonora und Ernst sehen sich in den nächsten Monaten häufig, und vor allem Ernst leidet sehr. Bezeichnenderweise taucht auf seinen Bildern aus dieser Zeit – *Die Einkleidung der Braut, Napoleon in der Wüste* u. a. – des Öfteren Leonoras Gesicht auf. Neben Ernst trifft Carrington in New York eine ganze Reihe anderer Surrealisten wieder, die hier ebenfalls im Exil leben: André Breton, Marcel Duchamp, Yves Tanguy, Luis Buñuel, Roberto Matta, André Masson, Kurt

Seligmann, Gordon Onslow-Ford und andere. Es existiert sogar eine Art surrealistischer Gruppenaktivität mit regelmäßigen Treffen, Zeitschriften und Ausstellungen, eine Aktivität, an der sich Leonora ausgiebig beteiligt. Eine der Zeitschriften ist *View*, an der die Surrealisten aber lediglich mitarbeiten, bevor sie mit *VVV* (4 Nummern von Juni 1942 bis Februar 1944) eine eigene gründen. Leonora publiziert in beiden Periodika: in *View* die Erzählungen »White Rabbits« und »The Sisters« sowie den Text »The Bird Superior«, eine Hommage an Max Ernst, in *VVV* die Erzählungen »Waiting« und »The Seventh Horse« sowie das autobiografische Fragment »Down Below« über die Zeit ihrer Geisteskrankheit in Spanien (siehe unten). Ferner beteiligt sich Leonora an der von Breton und Duchamp organisierten New Yorker Ausstellung *First Papers of Surrealism* im Herbst 1942. Ihre Malerei beginnt sich in New York zu verändern. Sich an Bosch und Brueghel orientierend, die sie in Madrid gesehen hat, fängt sie an, den visionären Stil ihres späteren reifen Werks mit seinen oft stilisierten Figuren und imaginären Innenräumen und Landschaften zu entwickeln, das aus einem ganzen Konglomerat mythologischer, esoterischer und spiritueller Quellen gespeist wird, ohne dass es diese lediglich illustrierend vorführt: Carrington bedient sich ihrer vielmehr als Mittel einer Suche nach sich selbst, die im kreativen Prozess stattfindet, der bei ihr, wie eine Interpretin bemerkt, »ein Dämmerzustand zwischen Wachsein und Schlaf [ist], den sie hypnagogisch nennt und für die schöpferisch ergiebigste Quelle überhaupt hält«.

Zum Zeitpunkt der genannten Publikationen und der Ausstellung hat Leonora aber New York bereits verlassen. Denn nach einigen Monaten hat Leduc genug von Manhattan und will zurück in sein Heimatland. So reist er im Februar 1942 mit Leonora nach Mexiko-Stadt, dem eigentlichen Zielort ihrer Flucht aus Europa. »Wir fuhren per Auto los«, so Carrington, »zusammen mit einigen anderen mexikanischen Diplomaten. Ich erinnere mich, es war plötzlich eine vollkommen neue Welt. [...]. Alles war anders.« Max Ernst, der zurückbleibt, heiratet kurz darauf Peggy Guggenheim, überwindet seine Liebe zu Leonora aber erst, als er Ende 1942 mit der Malerin Dorothea Tanning einer neuen Liebe begegnet. André Breton hat Mexiko, wo er sich 1938 aufhielt, als den »surrealistischen Ort *par excellence*« bezeichnet. Leonora fühlt sich hier trotz des Kulturschocks, den sie erlebt, von Beginn an recht heimisch. Freilich steht sie der überreichen kulturellen Tradition des Landes der Azteken und Maya zunächst reserviert gegenüber. »Für mich«, berichtet sie, »war die Wirkung der mexikanischen Kultur unerwartet und ziemlich erschreckend ... Es gab da etwas Blutrünstiges und Düsteres und Bedrohliches. [...] Wie Sie ja wissen, gab es da massive Menschenopfer.« Leduc und Leonora leben zunächst in dem heruntergekommenen Gebäude der ehemaligen russischen Botschaft im zentral gelegenen Stadtteil San Rafael. Die Wohnung ist »voller *chiches*, Wanzen. Sie fielen nachts wie eine Armee über uns her, und wir verbrannten sie mit Kerzen.« Leonora lebt »am Rande der Armut«, was wahrscheinlich der Grund dafür ist, dass sie anfangs vorwiegend mit Wasserfarben malt. Auch in Mexiko-Stadt trifft sie eine Reihe ehemaliger Mitglieder der Pariser Surrealistengruppe, die der Krieg in Europa hierher verschlagen hat: Benjamin Péret und seine Lebensgefährtin Remedios Varo, den Maler Esteban Francés, Pierre Mabille, den österreichischen Maler Wolfgang Paalen und seine Frau Alice Rahon, den peruanischen Dichter César Moro, Gordon Onslow-Ford und später auch Luis Buñuel. Péret ist der Mittelpunkt des exil-surrealistischen Kreises, zu dem bald Mexikaner wie der Dichter Octavio Paz, der Maler Gunther Gerzso und der Fotograf Manuel Álvarez Bravo stoßen, die alle enge Freunde Leonoras werden. Deren Kontakt zu Diego Rivera und Frida Kahlo ist sporadisch, umso enger ist ihre Verbindung zu Remedios Varo, die ganz in der Nähe wohnt, bevor Leonora 1946 in ihr Haus einzieht. Die beiden Frauen sehen sich fast täglich und arbeiten in den folgenden Jahren, bis zu Remedios' Tod 1963, malend und schreibend eng zusammen. »Sie teilten ihre Träume und Albträume«, wie Janet Kaplan in ihrem Buch über Varo schreibt, »ihre Obsessionen und ihre tiefsten Geheimnisse.« »Remedios' Anwesenheit in Mexiko hat mein Leben verändert«, bekennt Carrington später. »Mit [ihr] habe ich viel zusammen geschrieben. Aber das muss schon vor Jahrzehnten in jemandes Mülltonne gelandet sein.« Sie selbst malt eifriger denn je und schreibt in diesen ersten mexikanischen Jahren Erzählungen und Theaterstücke. Als Exilantinnen sind die beiden Frauen aber recht isoliert und können vorerst nicht daran denken, eine professionelle Künstlerkarriere einzuschlagen. Das ändert sich jedoch bereits 1944, als ihr der reiche englische Kunstsammler Edward James begegnet, der fortan viele ihrer Arbeiten erwirbt.

Hier in Mexiko, an der Seite Remedios Varos, wird aus der anfangs eher unsystematischen Beschäftigung Leonoras mit dem Okkulten, Magischen, Mythischen und Spirituellen ein intensives, immer weitere Gebiete einschließendes Studium, das in ihren Bildern und Texten seinen mehr oder weniger direkten künstlerischen Ausdruck findet. Aus einem tiefen Unbehagen an der westlichen Kultur heraus, das sie mit allen Surrealisten teilt und das durch die destruktive Gegenwart dieser Kultur noch verstärkt wird, eignet sich Leonora sukzessive verschiedene von unserem überkommenen westlichen Weltverständnis abweichende Denkweisen an, wie sie im Untergrund der abendländisch-christlichen Geistesgeschichte und außerhalb von ihr existiert haben oder existieren. Sie bewegt sich damit durchaus auf dem Boden des Surrealismus, der sich auf seiner Suche nach Alternativen zum herrschenden Denken von Beginn an fremden Mythen und den »verbotenen«, häretischen Zonen der westlichen Denktradition zuwandte, wie Okkultismus, Mystik und Magie sie darstellen. Aber nachdrücklich hat Breton in diesem Zusammenhang betont: »Ich brauche nicht zu sagen, dass in meinen Augen wie überall sonst der ›Fideismus‹ zu meiden ist.« Eine »Fideistin«, eine Gläubige, ist Carrington nicht. Jede Art von religiöser Glaubensbereitschaft liegt ihr fern, und, so ihre englische Interpretin Whitney Chadwick, »anders als viele Anhänger des New-Age-Spiritualismus gerät sie nie in Versuchung zu glauben, sie habe die Wahrheit gefunden. Ihr intensives intellektuelles und spirituelles Bemühen wird konterkariert von einer erfrischenden Portion Skepsis und einer nicht geringen Dosis britischen Humors.« Von Mitte der 1940er Jahre an beschäftigt sie sich mit altägyptischer Mythologie und interessiert sich dabei vor allem für die Mond- und Fruchtbarkeitsgöttin Isis. Um 1945 macht Edward James sie mit dem *Bardo Thödöl*, dem tibetanischen Totenbuch, bekannt, das sie nachhaltig beeindruckt. In den folgenden Jahren beschäftigt sie sich zusammen mit Remedios intensiv mit dem tibetischen Buddhismus und wird später sogar zur Schülerin der aus ihrem Land vertriebenen tibetischen Lamas. 1949 liest Leonora das Buch *The White Goddess* von Robert Graves über die keltische Mythologie mit ihren mächtigen weiblichen Gottheiten. Es ist »die größte Offenbarung meines Lebens« und regt sie zu einer vertieften Beschäftigung mit der keltischen Kultur an, die wie die Alchemie ohnehin eine Hauptinspirationsquelle ihrer künstlerischen Arbeit ist. Anfang der 1950er Jahre beginnt Carrington, systematisch die Kabbala zu studieren. Sie lernt Desiderio Lang kennen, einen ungarischen Juden und Gnostiker, der an die überragende Kraft des Weiblichen glaubt und der bereit ist, ihre Kenntnisse der jüdischen Mystik zu vertiefen. Zur gleichen Zeit interessiert sich Carrington für den Gnostizismus, in dem das Weibliche den gleichen Wert wie das Männliche besitzt. Ebenfalls Anfang der 1950er Jahre kommen Leonora und Remedios mit Schülern des griechisch-armenischen Esoterikers G. I. Gurdjieff (1866–1949) in Kontakt und beschäftigen sich mit den

Lehren des Meisters, die auf die Überwindung der Entfremdung zielen, an welcher der moderne westliche Mensch leidet. Gegen Ende der 1950er/Anfang der 1960er Jahre findet sich eine größere Präsenz indigen-mexikanischer Elemente in Leonoras Werken. Vieles interessiert sie nun an der Kultur der mesoamerikanischen Indigenen, etwa der Glaube, dass jeder Mensch neben seiner menschlichen auch eine tierische Seele, das *nahual*, besitzt. Etwa ab 1960 beschäftigt sie sich gründlich mit der Archetypenlehre C. G. Jungs, interessiert sich vor allem für die uralten matriarchalischen Religionen, die der Schweizer erforscht hat, und unterzieht sich sogar einer Psychoanalyse bei Therapeuten der Jung-Schule.

Anders und neu im Vergleich zum Surrealismus ist bei Carrington – und bei Varo –, dass ihre Suche nach den tieferen Wahrheiten des Menschen und den verborgenen Tiefen des Wirklichen vor allem eine Suche nach den *weiblichen* Aspekten dieses Wirklichen ist. Schon in jungen Jahren ist sie davon überzeugt, dass die Frau Trägerin bedeutender Kräfte und schöpferischer Energien und dem Mann in dieser Hinsicht ebenbürtig ist. Sie weiß aber auch, dass eine seit Jahrhunderten oder Jahrtausenden andauernde männlich-patriarchalische Herrschaft, ausgeübt insbesondere durch die monotheistischen Religionen, diese Wahrheit unterdrückt und in Vergessenheit hat geraten lassen. Das gilt nicht zuletzt für die jüdische und die christliche Religion. »Die Bibel«, so Carrington, »ist wie jede andere Geschichtsschreibung voller Lücken und Ungereimtheiten, die erst plausibel werden, wenn man sie als Verdeckung einer ganz anderen Art von Zivilisation versteht, die ausgemerzt worden ist.« Quellen, an denen besagte Wahrheit noch auffindbar ist, sind jene versunkenen Mythen, jene über weite Zeiträume hinweg gleichsam illegal weiterexistierenden Geheimlehren, jene uralten matriarchalischen Religionen, in die sich Carrington in Mexiko hineinarbeitet und die das Wissen um die Unverzichtbarkeit des weiblichen Prinzips aufbewahrt haben, ja in denen das Göttliche selbst als weiblich erscheint. Die Unterdrückung dieser Göttlichkeit des Weiblichen ist ein Gewaltakt, ein Akt der Zerstörung, der den Menschen und das Wirkliche verstümmelt und der nur immer neue Zerstörung hervorbringen kann.

Ermutigt von Pierre Mabille schreibt sich Carrington im August 1943, exakt drei Jahre nach ihrer Einlieferung in die psychiatrische Klinik von Santander, binnen weniger Tage ihr damals erlittenes Trauma von der Seele, genauer: Sie erstellt den Text in französischer Sprache mit Hilfe von Mabilles Frau Jeanne Mégnen. Ein Teil des Berichts erscheint, wie oben erwähnt, im Februar 1944 in englischer Übersetzung in *VVV.* Unter dem Titel *En bas* (Unten) wird er 1945 in Paris veröffentlicht. Er schildert nicht nur Leonoras erlittene Qualen, sondern beschreibt den Verlauf ihrer Krankheit als alchemistischen Prozess, in dem das weibliche Element eine wesentliche Rolle spielt. Während ihrer Psychose, so wie sie sie schildert, wird Leonora von immer gewaltigeren Allmachtsfantasien heimgesucht, in denen sie sich als Streiterin gegen die Alleinherrschaft der Väter und des männlichen Gottes der monotheistischen Religionen, als Kämpferin für die Rückkehr des Weiblichen in den Rang der Göttlichkeit, ja schließlich sogar als Erlöserin sieht, die in der alten christlichen Dreifaltigkeit die Stelle Christi einnimmt. In Carringtons Malerei dieser Zeit findet sich häufig das Thema häuslicher weiblicher Tätigkeiten wie die des Zubereitens von Nahrung. Das Kochen erscheint hier als magisches, ja heiliges Tun, als Akt der Verwandlung, vergleichbar demjenigen in der Alchemie, und es sind Frauen, die diese Verwandlung vollziehen. Ein häufiges Requisit auf diesen Gemälden ist der Kochkessel, der zugleich auf die Gerätschaften der Alchemisten und auf die heiligen *cauldrons* in den keltischen Mythen verweist, in denen sie als Metapher des Heiligen Grals erscheinen. Der Kessel oder Gral, der weiblichen Sphäre zugeordnet, ist bei Carrington ein Symbol der Fruchtbarkeit und Fülle und magischer Verwandlungen hin zu einer höheren Daseinsebene. Auch in vielen Erzählungen Leonoras spielt das Essen, oft als opulentes Festmahl, eine wesentliche Rolle. Vor allem keltische Motive finden sich ferner in dem Einakter *Une chemise de nuit de flanelle* (Ein Flanellnachthemd), den Carrington 1945 schreibt. 1946 folgt ein weiteres Theaterstück, *Pénélope*, vieraktig und in französischer Sprache verfasst. Es ist eine Art dramatischer Erweiterung der Erzählung »Die ovale Dame«. Die Titelfigur, eine höchst rebellische junge Frau, die an ihrem 18. Geburtstag in die Gesellschaft eingeführt werden soll, hasst die sie umgebende Welt und besonders ihren Vater, einen fantasiefeindlichen Exponenten der patriarchalischen Ordnung, und sie liebt ihr Schaukelpferd, das für die ganz andere Welt steht, in der das tabuisierte Animalisch-Naturhafte Göttlichkeit besitzt. In einer Atmosphäre von Schnee und Eiseskälte – beides signalisiert bei Carrington oft eine radikale Zeitenwende – verwandelt sich Pénélope am Ende in ein Pferd und geht als solches in eine andere, höhere Dimension des Seins ein.

1946 lernt Leonora durch Péret und Remedios Varo den aus Ungarn stammenden Pressefotografen Imre bzw. Emerico Weisz, genannt Chiki, kennen, der als Jude eine lange Flucht vor dem Faschismus hinter sich hat. Einvernehmlich löst sie die »Gefälligkeitsehe« mit Renato Leduc, heiratet Chiki 1946 und zieht mit ihm in das Haus, in dem Remedios und Péret wohnen. Im gleichen Jahr und 1947 bringt sie die Söhne Gabriel und Pablo zur Welt. (Der eine wird später Schriftsteller und Theaterregisseur, der andere Arzt und Maler.) Bald liest die junge Mutter den Söhnen kurze, selbst verfasste Erzählungen vor, die viel später, 2017, unter dem Titel *The Milk of Dreams* in New York als Büchlein erscheinen. Fünf Jahre danach wählt die Leiterin der Biennale von Venedig, eine Carrington-Bewunderin, diesen Titel als Motto für das venezianische Festival. In den Jahren 1946/47 spielt das Thema der Mutterschaft eine erhebliche Rolle in Leonoras Malerei und regt sie zu einigen ihrer schönsten Bilder an wie *Amor che move il sole e l'altre stelle* (1946). Die Erfahrung des Gebärens lässt sie neue, tiefere Sphären ihres Ichs, ihre »biologische Unterwelt«, entdecken und steigert so ihre Kreativität. Sie eignet sich in dieser Zeit die alte Technik der Eitemperamalerei an, stellt ihre Farben selbst her und findet, dass der Prozess des Malens wie das Kochen eine magische, quasi alchemistische Operation ist. Um 1946 schreibt Leonora den durch und durch esoterischen Roman *The Stone Door* (Das steinerne Tor), der jedoch erst 1976, und zwar zunächst in französischer Übersetzung, veröffentlicht wird. Die von der Autorin bearbeitete englische Originalfassung kommt 1977 in New York heraus. Der Roman ist eine fantastische, von alchemistischen und Tierkreissymbolen geprägte Fabel, die, sich an Chikis Biografie anlehnend, die Odyssee des Knaben Zacharias erzählt, der sich in die Geheimnisse der Kabbala versenkt und dann über ein unterirdisches Meer segelt, um zu dem Weißen Kind zu gelangen, das zugleich das Feuer ist, in dem männliche und weibliche Prinzipien miteinander verschmelzen.

Dass sich Carrington nach wie vor als dem Surrealismus nahestehend betrachtet, zeigt die Tatsache, dass sie sich 1947 an der von Breton und Duchamp organisierten *Exposition Internationale du Surréalisme* in Paris beteiligt. Im Jahr darauf vermittelt ihr Edward James eine Einzelausstellung in der renommierten Pierre Matisse Gallery in New York. In dieser Zeit zerstreut sich der gesellige Freundeskreis der in Mexiko lebenden Exil-Surrealisten. Zurück bleiben außer Alice Rahon nur Leonora und Remedios. Ende der 1940er / Anfang der 1950er Jahre zeigt sich deutlich die Wirkung der Graves-Lektüre in Carringtons Malerei. Das keltische Volk der Tuatha dé Danaan und ihre Weiße Göttin Sidhe, diese oft in Gestalt eines weißen Pferdes, tauchen in ihren Bildern auf, etwa in *Samain* (1951) und

*Sidhe, the White People of the Tuatha dé Danaan* (1954). Im Februar 1950 hat Leonora ihre erste Einzelausstellung in Mexiko-Stadt. Das Presseecho ist positiv, und ganz allmählich beginnt die mexikanische Öffentlichkeit, sich für die Engländerin zu interessieren. Ab 1956 wird Inés Amor mit ihrer Galería de Arte Mexicano Carringtons wichtigste Händlerin und zeigt ihr Werk fortan über viele Jahre hinweg. Im Laufe der 1950er Jahre werden in Frankreich einige Texte Leonoras publiziert: 1951 *Une chemise de nuit de flanelle*, Paris (Les Pas perdus), 1953 die kurzen Erzählungen »Le Chameau de sable« und »La Mouche de M. Grégoire«, beide in der Zeitschrift *Bizarre*, und 1957 die Erzählung »L'Homme neutre«, Anfang der 1950er Jahre geschrieben, veröffentlicht in der Zeitschrift der Pariser Surrealisten, *Le Surréalisme, même*. In diesen Jahren schreibt Leonora ferner die Erzählungen »My Flannel Knickers« und »My Mother Is A Cow«. Um 1957, nach anderen Angaben schon etliche Jahre früher – die Entstehung vieler, vor allem literarischer Werke Carringtons lässt sich wegen der Sorglosigkeit, mit der die Autorin mit ihnen umgegangen ist, nur schwer datieren –, schreibt Leonora, wiederum in englischer Sprache, ihren zweiten Roman, *The Hearing Trumpet* (Das Hörrohr). Er erscheint zunächst 1974 bei Flammarion in Paris in französischer Übersetzung unter dem Titel *Le Cornet acoustique*, englisch dann 1977 gleichzeitig in New York und London, und zwar mit Illustrationen von Leonoras Sohn Pablo Weisz-Carrington. Die Ich-Erzählerin des Buches, Marion Leatherby, ist eine 92 Jahre alte, aber geistig jung gebliebene, höchst aufmüpfige Greisin, die mit anderen alten Damen in einem autoritär geführten Seniorenheim lebt. Nach und nach wird die Handlung immer unwahrscheinlicher und fantastischer. Schließlich rebellieren die Greisinnen gegen ihre Peiniger, aber ihr Aufstand weitet sich rasch zu einer Revolte gegen die gesamte patriarchalische Ordnung aus. Diese Erhebung löst ein Erdbeben und eine Eiszeit aus. Ein Weltalter geht zu Ende, und ein neues bricht an, das im Zeichen der Venus, der Großen Mutter, steht, die Freundlichkeit und Liebe symbolisiert. 1959 ist Leonora auf einer weiteren, von Breton in Paris organisierten *Exposition Internationale du Surréalisme* vertreten, deren Thema die Erotik ist. 1960 eine erneute Einzelausstellung in Mexiko-Stadt (Museo Nacional de Arte Mexicano) mit 55 Exponaten, darunter einige Wandteppiche, die Leonora in den Jahren zuvor entworfen hat. Ebenfalls 1960/61 beteiligt sie sich an der von Breton und Duchamp organisierten internationalen Surrealismus-Ausstellung *Surrealist Intrusion in the Enchanter's Domain* in New York. 1961 figuriert sie in einer Gruppenausstellung in Mexiko erstmals als *mexikanische* Künstlerin. Als solche wird sie seither in ihrer Wahlheimat in zunehmendem Maße betrachtet. Ihr und Remedios' Gewicht innerhalb der Kunstszene Mexikos wird zu dieser Zeit erstmals spürbar.

Greifbarster Ausdruck ihrer Hinwendung zur Kultur Altmexikos Ende der 1950er / Anfang der 1960er Jahre ist das monumentale Wandgemälde *El mundo mágico de los Mayas* (Die magische Welt der Maya), 213 x 457 cm groß, das sie 1963 für den Chiapas-Saal des Museo Antropológico in Mexiko-Stadt malt. Für die

Leonora Carrington in ihrem Atelier in Mexiko-Stadt, 1947; Foto: Chiki Weisz

Vorarbeiten reist Leonora mehrmals in den Bundesstaat Chiapas, studiert dort Land und Leute und liest das *Popol Vuh*, das heilige Buch der Maya. Seit Ende der 1980er Jahre befindet sich das Bild in Tuxtla Gutiérrez, der Hauptstadt von Chiapas. Auch in Leonoras

Texten spielt Mexiko nun eine größere Rolle. Zu nennen sind die Erzählungen »De como funde una industría o el sarcófago de hule« (Wie man ein Unternehmen gründet oder Der Gummisarkophag) und »Et in bellicus lunarum medicalis«, beide Anfang der 1960er Jahre auf Spanisch verfasst, der Einakter *La Invención del mole* (Wie das Mole erfunden wurde, Anfang der 1960er Jahre, ebenfalls spanisch), eine antiklerikale Farce, in der indigene Priester den Erzbischof von Canterbury verspeisen, und »A Mexican Fairy Tale«, 1970er Jahre, auf Englisch). In den 1960er Jahren, nach der Arbeit an dem Wandgemälde, tauchen mehr und mehr Themen der jüdischen Mystik in Leonoras Bildern auf, z.B. in *The Bath of Rabbi Loew* (1969). Doch getreu ihrer skeptisch-antidogmatischen Haltung gegenüber allen weltanschaulichen und religiösen Systemen behandelt sie auch diese Themen recht frei und spielerisch, ja zuweilen ironisch. 1965 findet in Mexiko-Stadt die Einzelausstellung *L.C. Exposición de oleos, gouaches, dibujes y tapices* statt. Im gleichen Jahr beteiligt sich Leonora an der letzten von Breton organisierten großen Surrealismus-Ausstellung *L'Écart absolu* in Paris.

Am 2. Oktober 1968 wird in Mexiko-Stadt eine Studentendemonstration im Vorfeld der Olympischen Spiele in Mexiko von der Regierung blutig niedergeschlagen. Bei diesem »Massaker von Tlatelolco« sterben Hunderte von jungen Menschen. Aus Protest gegen den brutalen Akt verlässt Leonora das Land und geht nach New York, kehrt aber schon 1969 nach Mexiko zurück. In den 1970er Jahren und Anfang der

1980er ist sie vorübergehend erneut in New York oder in Chicago. Von 1971 an sucht Leonora zwecks geistiger Übungen eine Zeit lang regelmäßig die Klöster der exilierten tibetanischen Lamas in Schottland und vor allem im Norden des Bundesstaates New York auf. In diesen Jahren, einer Zeit wachsenden Zweifels an der Gültigkeit der westlichen Werte und Denkweisen und des weltweiten politischen Protestes gegen sie, beteiligt sich Leonora eine Zeit lang an den Aktivitäten der Frauenbewegung, »sporadisch«, wie sie sagt, und »weil ich glaube, dass Frauen unterdrückt werden und dass viele Frauen nicht ihr Potenzial entfalten konnten, weil sie als minderwertig galten«. Literarisch drückt sie ihre Parteinahme für das weibliche Geschlecht 1969 in dem Opernlibretto *Opus sinistrum* aus. Der von einer komplexen, z. T. wieder alchemistischen Symbolik geprägte Text drückt aus, dass das Heil der Menschheit von der Freiheit abhängt, die der Frau gewährt wird, wieder in den Besitz ihrer ursprünglichen Kräfte und Fähigkeiten zu gelangen. Indessen misstraut Leonora einem Feminismus, der seinerseits von Herrschaft träumt, da sie weiß, dass Unterdrückte nicht selten zu Unterdrückern werden. Deshalb formuliert sie 1973 in dem Text »A Warning to Mother« (Warnung an die Mutter) eine vehemente Stellungnahme gegen *jede* Form der Oppression, auch eine solche von weiblicher Seite. Im Übrigen aber, erklärt sie in absichtsvoller Grenzüberschreitung, sei es an der Zeit, Schluss zu machen mit dem Skandal, »dass wir Frauen diskriminiert worden sind wie die Juden, die Schwarzen, die Schweine«. »Die Rachegöttinnen«, schreibt sie 1976,

»die ein Heiligtum haben, das viele Klafter tief unter Erziehungsdressur und Gehirnwäsche begraben liegt, haben den Frauen mitgeteilt, dass sie zurückkommen werden, zurückkommen aus der Angst und dem Schamgefühl [...]. Ich kenne keine Religion, die die Frauen nicht zu geistesschwachen, unreinen, den Männern insgesamt unterlegenen Geschöpfen erklärt [...]. Die meisten von uns, hoffe ich, sind sich heute bewusst, dass eine Frau es nicht nötig haben sollte, Rechte zu fordern. Es gibt diese Rechte seit Anbeginn; sie müssen *zurückerobert* werden und mit ihnen die Mysterien, die einst uns gehörten und die entweiht, gestohlen oder vernichtet wurden ...«

Um 1973/74 setzt in Europa, zunächst in Frankreich (dort dank den Bemühungen Henri Parisots und später Jacqueline Chénieux-Gendrons), die eigentliche Rezeption von Carringtons literarischem Werk ein. Hier nur die wichtigsten Publikationen: 1973 erscheint in Paris zunächst eine Neuausgabe von *En bas.* 1974 folgt Flammarion mit der französischen Übersetzung von *The Hearing Trumpet.* Im gleichen Verlag kommt 1976 unter dem Titel *La Porte de pierre* die französische Übersetzung von *The Stone Door* heraus. Wichtige Informationen über Leonora, dazu die Erzählungen »La Maison de la peur« und »L'Attente«, Max Ernsts Text »Loplop présente *la Mariée du vent*« und anderes, enthält Ende 1977 der Band *La Femme surréaliste* der Zeitschrift *Obliques.* 1978 präsentiert Flammarion unter dem Titel *La Débutante. Contes et pièces* eine umfangreiche Auswahl aus Leonoras literarischem Werk einschließlich ihrer Theaterstücke. Im englischsprachigen Raum werden in dieser Zeit publiziert: 1975 der Sammelband *The Oval Lady. Six Surrealist Stories*, Santa Barbara (Capra Press), und 1977 *The Hearing Trumpet*, New York (St. Martin's Press) und London (St. James Press). Anfang / Mitte der 1970er Jahre erscheint auch, vor allem in den USA, mehr und mehr Sekundärliteratur zu Carrington, beginnend mit Untersuchungen von feministischen Autorinnen wie Gloria Orenstein. Leonora wird international immer bekannter, und sie lässt ihre Bilder fortan von einem New Yorker Kunsthändler vertreiben. In Mexiko-Stadt erscheint 1974 die Monografie *Leonora Carrington* von Juan García Ponce, 1975 stellt sie bei Alexandre Iolas in New York aus, im gleichen Jahr und 1976 wird, erneut in New York (Center for Inter-American Relations) sowie in Austin/Texas (University Art Museum) und in Mexiko-Stadt (Museo de Arte Moderno), eine Retrospektive ihrer Werke gezeigt. Die Einzelausstellungen – in New York, Mexiko-Stadt, Tokio, Leeds usw. – häufen sich nun, und die Zeit, da Leonora mehr oder minder nur als Gefährtin Max Ernsts bekannt war, ist längst vorüber.

Nach den Zerstörungen, die ein Erdbeben 1985 in Mexiko-Stadt anrichtet, geht Leonora für längere Zeit in die USA, zuerst nach New York, wo sie mit Acrylfarben zu malen beginnt, dann 1988 nach Chicago. Anfang der 1990er Jahre kehrt sie, immer noch mit C. G. Jung beschäftigt, nach Mexiko zurück. In ihren Bildern, etwa in *Kron Flower* (1987), tauchen seit einiger Zeit des Öfteren geheimnisvolle alte Frauen (*crones*) von der Art Marion Leatherbys auf, die magische Kräfte besitzen und von allerlei Tieren begleitet werden. In der ersten Hälfte der 1990er Jahre erscheinen vier erwähnenswerte Publikationen zu Carringtons Werk: die Kataloge der Einzelausstellungen *L.C. Paintings, Drawings and Sculptures 1940–1990* (London 1991), *L.C. The Mexican Years 1943–1985* (San Francisco 1991/92) und *L.C.: una retrospectiva* (Monterrey und Mexiko-Stadt 1994/95) sowie Whitney Chadwicks Buch *L.C. La realidad de la imaginación* (Mexiko-Stadt 1994). Im gleichen Jahr, so heißt es, wird eines ihrer Gemälde auf einer New Yorker Auktion für fast eine Viertelmillion Dollar verkauft. (Inzwischen, 2023, hat sich ihr Marktwert nochmals verdoppelt.) Leonora ist nun an die achtzig Jahre alt, doch sie malt unermüdlich, lebt aber sehr zurückgezogen. 2004 erscheint in Aldershot/England und Burlington/USA das Buch *L.C. Surrealism, Alchemy and Art* von Susan L. Aberth. Erwähnung verdient auch eine Art Familienausstellung 2005 im Museo del Palacio de Bellas Artes in Mexiko-Stadt mit Werken von Leonora, Imre Weisz und den Söhnen Pablo und Gabriel. Zwei Jahre später stirbt Imre nach über 60-jähriger Ehe mit Leonora. Die Malerin, die sich schon früher – vor allem wohl Anfang der 1950er Jahre – bildhauerisch betätigt hat, erlebt im Februar 2008, drei Jahre vor ihrem Tod, das Vergnügen, dass am Paseo de la Reforma, einer Hauptverkehrsader von Mexiko-Stadt, eine Reihe von ihr entworfener monumentaler Bronzeskulpturen aufgestellt wird. Längst ist es auch im deutschen Sprachraum zu einer beachtlichen Carrington-Rezeption gekommen: Zuerst erscheint 1980 *Das Hörrohr* (Neuauflagen 1986, 1989, 1992, 1995, 2007 und 2019, als Hörspiel 1990, als Hörbuch 2008). 1981 folgt *Unten* (Neuauflagen 1994, 2008), 1982 *Die ovale Dame. Magische Erzählungen* (als Taschenbuch 1986), 1985 *Ein Flanellnachthemd. Theaterstücke*, 2008 *Das Haus der Angst* (mit *Unten* und »Der kleine Francis«). 1999 wird bei den Wiener Festwochen die auf Carringtons Stück *Das Fest des Lamms* basierende Oper *Bählamms Fest* von Olga Neuwirth (Libretto von Elfriede Jelinek) aufgeführt, etwa ab dieser Zeit kommen in Deutschland weitere Theaterstücke Carringtons auf die Bühne. An dokumentarischen Publikationen über sie sind zu nennen: Tilman Spenglers TV-Film *Verfolgte Träume. Das Leben der L.C.*, Bayerisches Fernsehen 1986, vom gleichen Autor der Band *apropos Leonora Carrington* (1995) und Silvana Schmids schon erwähntes Buch *Loplops Geheimnis* (1996, 2003). Die wichtigsten englischen Ausgaben sind *The Seventh Horse and Other Tales* und *The House of Fear* (enthält neben *Down Below* auch *The Stone Door*), beide New York (Dutton) 1988 und London (Virago Press) 1989, und *The Hearing Trumpet*, Boston 1996. In den Editions Fage (Lyon) erschien zwischen 2020 und 2022 eine dreibändige Werkausgabe. 2022 fand in Kopenhagen bzw. Madrid eine große Retrospektive statt. Aus Mexiko-Stadt hört man, dass die dortige Wohnung Carringtons eine museale Gedenkstätte werden soll.

*Heribert Becker*

## Textnachweise

André Breton: Leonora Carrington. In: A. B., *Anthologie de l'humour noir.* Erweiterte Neuauflage. Paris (Ed. du Sagittaire) 1950. Übersetzt von Heribert Becker

Die Debütantin (La Débutante, ca. 1937/38, frz.). In : L.C., *La Débutante. Contes et pièces.* Paris (Ed. Flammarion) 1978

Das Haus der Angst (La Maison de la peur, 1937/38, frz.). Ebd. Erstausgabe: Paris 1938.

Die ovale Dame (La Dame ovale, 1937/38, frz.). Ebda. Erstausgabe: Paris (Ed. G.L.M.) 1939 (darin auch La Débutante, L'Ordre royal, L'Amoureux, Oncle Sam Carrington)

Onkel Sam Carrington (Oncle Sam Carrington, 1937–40, frz.). Englisch in: L.C., *The Seventh Horse, and Other Tales.* New York (E.P. Dutton) 1988

Die Schwestern (Les Sœurs, 1939, frz.). In: L.C., *La Débutante,* op. cit.

Wenn sie vorbeikamen (Quand ils passaient, 1937–40, frz.). In: L.C., *Pigeon vole. Contes retrouvés.* Cognac (Ed. Le Temps qu'il fait) 1986

Jemima und der Wolf (Jemima et le loup, ca. 1938, frz.). Ebd.

Alle Vögel fliegen hoch (Pigeon vole, ca. 1938/39, frz.). Ebd.

Die drei Jäger (Les trois chasseurs, ca. 1937–39, frz.). Erstveröffentlichung auf Englisch in: L.C., *The Seventh Horse…,* op. cit.

Monsieur Cyril de Guindre (ca. 1937–40, frz.). In : L.C., *Pigeon vole,* op. cit.

Traurig und deprimiert (Triste et accablée, 1937–40, frz.). Erstveröffentlichung in: *Les Cahiers du double,* Nr. 3-4, 1979. Englisch in: L.C., *The Seventh Horse…,* op. cit.

Weiße Kaninchen (White Rabbits, 1941, engl.). Erstveröffentlichung in: *View* (New York), Nr. 9-10, 1941–42. Dann in: L.C., *The Seventh Horse…,* op. cit.

Warten (Waiting, 1941, engl.). Erstveröffentlichung in: *VVV* (New York), Nr. 1, 1942. Dann in: L.C., *The Seventh Horse*..., op. cit.

Das siebente Pferd (The Seventh Horse, 1941, engl.). Erstveröffentlichung in: *VVV* (New York), Nr. 2-3, 1943. Dann in: L.C., *The Seventh Horse*..., op. cit.

Der Unscheinbare (L'Homme neutre, Anfang 1950er Jahre, frz.). Erstveröffentlichung in: *Le Surréalisme, même* (Paris), Nr. 2, 1957. Dann in: L.C., *La Débutante*, op. cit.

Das Sandkamel (Le Chameau de sable, frz.). In: *Bizarre*, Nr. 2, 1953

Monsieur Grégoires Fliege (La Mouche de M. Grégoire, frz.). Ebd.

Mein Flanellschlüpfer (My Flannel Knickers, 1950er Jahre, engl.). In: L.C., *The Seventh Horse*..., op. cit.

Meine Mutter ist eine Kuh (My Mother Is A Cow, Mitte 1950er Jahre, engl.). Ebd.

Wie man ein Unternehmen gründet oder Der Gummisarkophag (De como funde une industria o el sarcófago de hule, Anfang 60er Jahre, span.). Erstveröffentlichung in der Zeitschrift *Snob*. Dann englisch in: L.C., *The Seventh Horse*..., op. cit.

Et in bellicus lunarum medicalis (Anfang 1960er Jahre, span.). Erstveröffentlichung in *Snob*. Dann englisch in: *The Seventh Horse*..., op. cit.

Die Geschichte vom Glücklichen Leichnam (The Happy Corpse Story, 1971, engl.). Erstveröffentlichung auf Frz. in: *Le Nouveau Commerce*, Nr. 30-31, 1975. Dann in: L.C., *The Seventh Horse*..., op. cit.

Ein mexikanisches Märchen (A Mexican Fairy Tale, 1970er Jahre, engl.). Erstveröffentlichung (partiell u. frz.) ebd. Dann englisch in: L.C., *The Seventh Horse*..., op. cit.

Folgende Erzählungen wurden bereits, in der Übersetzung von Heribert Becker, in dem Band *Die ovale Dame. Magische Erzählungen* (Frankfurt/M.–Paris, 1986, und Frankfurt/M.–Berlin, Ullstein, 1986) veröffentlicht: Die Debütantin, Das Haus der Angst, Die ovale Dame, Der Verliebte, Der königliche Befehl, Onkel Sam Carrington, Die Schwestern, Weiße Kaninchen, Warten, Das siebente Pferd, Der Unscheinbare, Geschichte vom Erlesenen Leichnam und Mexikanisches Märchen.

# Inhaltsverzeichnis